アフターコロナの
POST-PANDEMIC
「最強の販売脳」の
つくり方

流通ビジネスコンサルタント
小松浩一
komatsu hirokazu

ぱる出版

まえがき　～コロナ禍、デジタル時代の中で「販売の仕事とは何か」が問い直されている！

「販売員の基本は、ニコニコ・キビキビ・ハキハキです」

「〝売った〟と〝売れた〟は違います。お客様に『これください』と言われて売るのは〝売れた〟だけのことで、自動販売機と同じです。お客様が求める商品を、皆さんの販売力で〝売った〟時、はじめてプロの販売員と言えるのです」

30数年前、筆者が百貨店の販売員として店頭に立った際、ベテランの教育係はこんなことを言いました。

実際、店舗という販売の現場は「怖くて、楽しい」ところでした。怖いというのは、何を言い出すかわからない、初対面のお客様と言葉を交わすことの漠然とした怖さです。

しかし、偶然出会ったお客様と言葉が通じ、モノが売れた時、販売は「楽しい」仕事に変わります。それは、見ず知らずの人と人が直接触れ合い、その場ですぐに成果と反応が出ることから、販売職の「やりがい」へとつながっていきます。

他方で販売の仕事は〝感情労働〟と揶揄《やゆ》されるほど、タフでしなやかな心と体が必要です。立ち仕事が中心で、商品の入れ替えや陳列は肉体労働、店が開いている間は店に居なければならないというだけでも、体力が必要です。

またお客様は突然何を言ってくるかわからない、必ずしも言葉が通じるとは限らない、そして「また来ます」と言われたお客様がまた来ることはほとんどない……まさに販売は、店舗という舞台で繰り広げられるドラマです。

21世紀に入って20年が経過し、昭和から平成を経て令和に入った今、「販売」をめぐる環境は大きく変化しました。デジタル化やオンラインショップの出現で、「店舗」のあり方も変わりました。そして昨今の「コロナ禍」により、ますます先の見えない時代に入っています。そんな令和の時代に「販売とは何か」「モノを売るとはどういうことなのか」を問い直したのが本書です。

デジタル化にコロナ禍が重なって、リアル店舗の存在が問われています。販売スタッフの仕事も、店頭接客からオンラインを使ったものへと変化しています。もとよりお客様はスマホを手に、サイト検索の延長で店舗に来店します。そして令和の販売は、お客様と販売員との「情報戦」の様相を呈しています。

しかし、販売の基本は変わりません。お客様にどれだけ気持ちの良い買物体験をしていただくか、そのために何ができるのか、ということに尽きます。

本書が、「令和時代の新たな販売」を求める方々の一助となれば幸いです。

流通ビジネスコンサルタント　小松浩一

世界一楽しい

アフターコロナの

「最強の販売脳」のつくり方

―もくじ―

第1章　「未来の売り方」はどう変わるのか

第2章 売れる販売員と売れない販売員のちがい

第3章 「客の立場に立つ」と売れる

第4章 販売員が身につけたい「マーケティング脳」超入門!

第5章 これからの販売員はデジタルを味方につけると、売れる！

第6章 「本当に良い買物をした」という価値を売るために令和の販売員がすべきこととは何か

第1章
「未来の売り方」はどう変わるのか

1　顧客目線に立たないと、本当に何も売れない時代がやってきた！

「競合する大型店や商業施設はたくさんあるが、当社の強みを前面に打ち出せば、この規模でも十分にやっていける。店全体の売上では勝てなくても、商品分野や売場単位で、地域一番店になることを目指すのだ！」

ある大型の商業施設（百貨店）が、大都市ターミナル駅前への出店にあたり、こんな方針を立てました。出店予定地周辺は、5万㎡を越える大型百貨店や駅ビルや地下街、大規模商店街がひしめく全国有数の商業の街です。1日数百万人の人々が行き来するターミナル駅の近くでもあります。その場所に、後発で新規出店するにあたり、こんな方針を打ち出したのです。

しかし結果は惨敗。開業から数年でクローズしてテナントビルに変わっていきました。昭和から平成にかけて、全国あちこちにあった話の一つです。

冒頭の方針は、これまでの商業理論からは全く違和感のない、むしろ王道な発想です。お客様はどういう基準で店を選ぶのか。お客様が自宅から店に出向く確率は、店の規模（面積）に比例し、店までの距離に反比例する――これは、流通をちょっとでもかじったことのある人であればだれでも知っている「ハフの法則」です。店の広さ＝店舗面積というものは、なによりも客を引き付ける重要な要素なのです。いきおい、大型商業施設同士、特に百貨店同士は「大規模な店舗面積」を確保することに注力してきました。

では、百貨店全体の面積で競合に勝てなければどうするか。婦人服、食品、リビング用品といった商品分野単位や、ワイン、婦人靴、タオルといったショップや商品カテゴリー単位で、競合百貨店を上回る品ぞろえや面積を確保するのです。それはいわば、総力戦で勝てなければ局地戦で勝とう、という戦法です。しかし、全体戦力に差があれば、局地戦でいくら勝っても最後は負けてしまう。新規出店をめぐるこのケースでは、『失敗の本質』で明らかにされた旧日本軍の敗退の原因を、反省なく繰り返してしまったのです。

小売店舗にとって「品揃え」の種類や量は基本的な「戦力」です。小売の現場では、商品の種類や陳列量を決める時に「戦闘単位」という言葉すらあります。たとえばスーパーマーケットの「牛乳」の棚では、脂肪分（ファット）の含有量やサイズ（２５０㎖のパックから２ℓ入りのボトルまで）の中から、どれだけの種類のアイテムを揃えるか、揃えられるかで売上が決まります。多すぎても、少なすぎてもいけない。そこには、顧客に「この中から選ぼう」と思ってもらうための最適な品揃えの「商売の単位」があるのです。

それは百貨店やショッピングセンターなどの、大規模商業施設でも同様です。単なる店舗規模の拡大競争の時代は終わったものの、商品分野別、サービス分野別に何をどれだけの面積で展開していくかは、店づくりのイロハとも言えるのです。

しかし「戦闘単位」だけでは店はできません。店舗の場合、敵の艦隊と大砲の数を競っただけでは商売にならない、なぜならそこには「利用者」「顧客」という最も大事なファクターがあるからです。

冒頭の方針からはこの「利用者」「顧客」が全く見えません。ターミナル駅の周りを、朝昼晩何人の人たちが、何を求めて、どんな思いで、どんな生活動線や買物動線を動いているのか、そしてそれらの人々の生活や買い物の「動線」に、どうやって自分の店や商品を組み入れてもらい、利用していただくか、そうした謙虚な気持ちが全くうかがわれないのです。単なる「大砲と弾の数」だけでは商売は成り立たない。その時、その場所に生きる人間の心理と行動に本当の意味でコミットしなければ、いかなる商売も成り立たない、口先だけの「顧客第一主義」では生きられない時代が、本当にやってきたのです。

チェック！ 顧客目線は、売るための必須条件の時代に突入

2 欲しいモノはネットで選んでネットで注文する、イマドキの高齢者の〝快適ネット買物生活〟から見えること

「これ、毎日見てるんだよ。これ見て頼むだけで、水もお米も牛乳も届くし、買物は全然困らないよ」

ネットスーパーのオンラインサイトを見ながら、自宅の応接間のソファである男性が言いました。

齢(よわい)70歳を超えたこの男性。功成り名を遂げ、悠々自適の毎日を過ごす彼は、ネットにも精通し、ユーチューブで多くのサイトを見たり、パソコン越しに英語のレッスンを受ける〝快適ネットライフ〟の日々。そんな彼の買物の友は、アマゾンやネットスーパーなどのEC（エレクトリック・コマース）です。

「何か欲しければ検索する、そしてネット上の評判を見たり、他のサイトと比較する。価格を比べるのも簡単。商品情報を知りたければ別サイトを検索する、そして良ければ買う、電子マネーで決裁する、品物が届く……このプロセスのどこにも、誰かに〝販売されてる〟っていう感じはないんだよね。販売員にうるさく付きまとわれることもない。重い商品をレ

ジに持って行っても、〝いらっしゃいませ〟と型どおりの挨拶しかされない、ということもない。〝販売〟って何のことを言ってるんだろうね?」

元々は経営コンサルタントをしていた彼の言葉は、「令和に〝売る〟とは何なのか」という本書のテーマに、強烈なインパクトを持っています。

もとより、今の70歳と言えば1950年(昭和25年)頃の生まれです。20歳の頃には大阪万博(昭和45年:1970年)があり、高度成長~バブル~バブル崩壊を全身で体験した世代です。そして1995年、すなわち「ウィンドウズ95」が日本上陸して、パソコンとインターネットが普及し始めた頃には45歳前後、つまり現役バリバリの時代にデジタル化の波を受けます。そしてスマホが一般に普及した2010年頃には60歳を迎える。つまり今の70歳の人たちは、パソコンもスマホも、全く違和感なく使える人たちなのです。もはや「高齢者」「お年寄り」の面影はありません。

そんな彼らは、デジタルテクノロジーを使いこなします。高齢化に伴う買物難民になることもなく、快適なデジタル生活を送っています。その結果が「モノを売られている=販売されている気がしない」という感覚なのです。

「令和の販売」を考えることがテーマである本書は、小売に限らず、ビジネスの「基点」

となっている〝販売する＝売る〟ということが、その実体を失いかけていること、あるいは、それ自体として認識されなくなってきていること、この認識からスタートします。「営業は足で稼げ」「接客のコツは先輩の背中から盗め」といったモノを売る仕事にまつわる伝統的な思考法が本当に通用しなくなった、それが令和時代の「販売」なのです。

この傾向は「ウィズ&アフターコロナ」で一気に強まっています。長引く在宅・テレワーク生活は「人と人とが直接対面する関係」を人々に渇望させますが、そもそもコロナになる前の段階からデジタル化で生活者の気持ちは大きく変化し、「自分にとって意味のある情報しか必要ない」状況になっていました。商品と客との間に「販売員」が介在して〝売る〟というカタチそのものが、大きく変化しつつあった中での「コロナ禍」だったのです。モノやサービスを商品として「売る」とは何なのか、根本的なところから考え直す時期に来ています。

チェック！ 販売とは一体何なのか、根っこから考え直す時期に来ている

3 令和の売り方はどう変わってきたのか
――コロナ&デジタルで動き出した「マーケティング4・0」

〈マーケティング1・0は、単に「よい製品だ」と思って買ってもらえる段階です。2・0は、「私はこの企業を愛しているので、この企業の製品なら買う」、3・0は「この企業は社会に貢献しているので、その製品を買う」という段階です。私はこれ以上はもうないと思っていましたが、その先のマーケティング4・0がありました。それは、消費者の自己実現につながる製品です。〉（https://www.dhbr.net/articles/-/3850参照）

「近代マーケティングの父」であり「マーケティングの神様」と呼ばれるフィリップ・コトラー氏は、マーケティングの発展段階をこう語ります。マーケティングとは一般に「売れる仕組みづくり」だと言われますが、その真意は、企業側や店舗側からお客様にプッシュして「販売」しなくても、お客様が欲しい時に自分から「これください」と言ってくる状況を作ること、それがマーケティングの神髄です。そのマーケティングの発展段階には、次の4つがあるとコトラー氏は言います。

第1段階（マーケティング1・0）は、製品中心のマーケティングです。まだ市場にない便利な製品を初めて作って売り出す時は、単一または少ない種類の製品を効率よく生産し、安価に提供すれば売れていきます。1920年代のアメリカのT型フォードや、日本の高度成長時代の三種の神器（冷蔵庫・洗濯機・白黒テレビ）などが代表例です。それは企業は生産性を上げて、できる限り安価に生産して提供すればモノは売れる、という工業生産段階のマーケティングです。

これが第2段階（マーケティング2・0）になると、製品が一通り市場に普及する中でさらに売るには、他社製品とは違う「差別化」が必要になります。そのために企業は消費者ニーズを調査し、市場を細分化（セグメント）してターゲットを決めて、他社とは異なる特徴を持った製品を作り、ターゲットに合わせて訴求・宣伝をして販売します。これは「消費者志向のマーケティング」と言われ、マーケティングを「情報戦」の世界へと進化させました。

同じ冷蔵庫でも、家族の人数や食生活の違いによって大きさや性能を分けたり、たとえば忙しく働く主婦のニーズをもとに「解凍せずに包丁で切れるチルド室」付きの冷蔵庫を開発したりするのも、マーケティング2・0の成果です。

次に、差別化された商品もおおむね普及した段階になると、今度は「どの企業が社会的に貢献しているか」という作り手の価値観が購買にインパクトを与えるようになる、それが第3段階（マーケティング3・0）です。

各社の製品性能や差別化ポイントも、価格水準もおおむね同じ段階になると、「どうせ買うなら社会貢献度の高い取り組みや価値観を持った企業の製品を買おう」という心理が働く、これがコトラー氏の言う「価値主導のマーケティング」です。冒頭の発言では「社会に貢献している企業」から買う、という発想になります。

コロナ禍がなくてもヒタヒタと押し寄せる地球温暖化や環境問題、それに伴うSDGsやESG投資の高まりをふまえると、現代はすでにマーケティング3・0の段階に入って久しいと言えます。

そしてその先にあるのが第4段階であるマーケティング4・0。コトラー氏はここでは「自己実現」という表現を使っていますが、この前提には、スマートフォンをほとんどの人々が手にしたことで生活者と企業、また生活者同士が「常時接続（＝常につながっている）」された状態があります。

第3段階までは、企業が一方的に商品や情報、自らの価値観を「発信」すれば売れていきました。有名な「マーケティングの4P」が通用するのも第3段階までです。企業は顧客ニーズにもとづいて、ターゲットを明確にし、価値のある商品（Product）を、適正な価格（Price）で、有効な場やルート（Place）で、効果的な宣伝広告（Promotion）を通じて提供することで売れていく、それはいわば、企業から顧客への一方通行の流れをいかに効果的に進めていくかがマーケティングのテーマだった時代を意味します。

消費者や生活者のほとんどがスマホを持ち、企業とも消費者同士でも双方向で「常時接続」された現代では、一方通行な流れではマーケティングは成り立ちません。企業が勝手にターゲットを決めたところで、消費者たちが「いいね」をしなければ受け入れられない。

もしも問題があればたちどころに「炎上」する、つまり、ターゲットは企業が勝手に決められるものではなく、ターゲットとされる人々のコミュニティから「承認されること」が不可欠の要件となったのです。

逆に人々から承認され受け入れられると、買い手は単に「便利だから買う」「信頼できるから買う」というのではなく、その商品を他人にも推奨したい、その会社を支援したい、という積極的な動きも出てきます。

ここに至ると、買い手は単なる「消費者」ではなく、その会社のその商品を通じて「自己実現」をめざす存在になる……スマホ時代のマーケティングは、売り手と買い手の関係を、大きく変えつつあります。

チェック！ 世の中は既にマーケティング4・0の段階に入っている

4 顧客とモノを売る企業との関係はより強くなる!?

コトラー氏は「マーケティング4・0に達している企業はほとんどない」と言いますが、その片鱗が見られる商品や企業活動はあります。たとえば(株)スノーピークがおこなう〝スノーピークウェイ〟という取り組みです。

山岳愛好家の創業者が、登山用品を開発して創業(1957年)したスノーピーク社は、当時まだ普及していなかったオートキャンプの楽しさを伝えたいとの思いから、アウトドア用品、特にオリジナルのキャンプ用品を製造・販売してきました。また地元の地場産業である新潟県燕三条の金物技術を活かした製品開発もおこなっています。

バブル経済を越えた1998年、同社では顧客とのより深い関係を築くために「スノーピークウェイ」という取り組みを開始します。それは、全国に広がるスノーピークの製品の利用者(=ファン)とともにキャンプをおこない、顧客との関係をより強いものにするというものです。もとより本社の敷地内にはキャンプ場があり、アウトドアが好きでこの仕事で働く社員も多い同社ですが、スノーピーク社の製品を好む愛好家たちと社員が一つになってキャンプファイヤーを囲み、山登りやキャンプについて語り合う時間からは、単なる「顧客モニタリング調査」を大きく越えた絆と一体感が生まれます。キャンプに参加したスノーピーク社製品の愛好家たちも、単なる利用者の範囲を越えて、本当の意味で「ファン」になっていく、まさにマーケティング4・0の世界が繰り広げられるのです。

自己実現、というと「自分の希望が実現したこと」といったイメージがありますが、必ずしもそうではありません。たとえばスノーピーク製品の利用者には、スノーピークの製品が優れているから買っているという段階を越えて、**スノーピーク社の活動や理念に共感し、同社そのものを応援したいと思う心理が働いています**。単なるモノの売り買いの世界ではなく、そのモノを作っている企業の価値観に共感するとともに、その企業の活動に自分も参加していきたいと思う、ここにマーケティング4・0の世界が開けます。

これは、近年盛んに叫ばれる地球環境問題やサスティナブル（持続可能）社会についても言えます。マーケティング3・0の段階は、そうした社会課題解決の価値観を持った企業のモノを買う、ということですが、さらに進んで、そうした価値観を持つ企業の活動に対して、自らも参加する、投資するという意識でその企業とかかわっていくと、ここに新しい「売りと買い」の世界が開けてきます。もはや「売る」とは商品とお金（貨幣）の

「交換」といったこれまでの次元を超えて、その商品を生み出し、また流通させている企業のコミュニティに「参画したい」という気持ちを引き出すことになるのです。

近年盛んにおこなわれている「クラウドファンディング」は、人々にこのような感覚を醸成しています。たとえば、次のような具合です。

・新型コロナ禍で行き場を失ったジャージー牛乳をジェラートにしてお届けします!!
・ケニア発ブランド○○　アフリカ布で一歩踏み出すきっかけを!
・タオル工場の廃棄する糸を減らして、地球環境に貢献したいｅｔｃ.

クラウドファンディングのサイトには、様々なジャンルの社会課題に対するプロジェクトが提案され、支援を募っています。その活動を応援する、支援するというマインドが一般の消費活動にも広がることで、令和の「売る」活動は、可能性を大きく広げていきます。メーカーから小売業まで、モノを「作って売る」企業は、もはやユーザーとの「関係構築業」へと進化していくのです。

チェック! **令和の「売る」活動は、コミュニティへの「参画」を促す**

5 コロナ後の「未来の販売」はどう変わるのか

世はまさに「コロナ禍」とともにあります。時期や局面によって変動があり、時間をかけてゆっくりと収束に向かっていくことを願う……としても、コロナ禍という出来事の記憶と、それが引き起こした人間社会への刻印は消えません。仮に今回の新型コロナウイルスが収束したとしても、変異株の問題や別種の新たな感染症に見舞われる可能性もあります。コロナ禍は、何も心配せずに人々が暮らし、交わり、思う存分経済活動を繰り広げてきた「近代社会」という時代に、大きな風穴を開ける出来事になりました。

コロナ禍が長期化するにつれ、「ウイズコロナ」「アフターコロナ」といった言葉が広がりました。「アフターコロナ」という言葉には「早く収まってほしい」という願いが込められているようにも思えます。コロナによって「モノの売り方」も大きく変わりましたが、ここではまず、コロナ禍に伴う社会事象を、4つに分けて見てみます。

1 コロナ禍がなくても、起きたこと、問題だったこと、進んでいたこと

・人口減少と少子高齢化

・都市部への一極集中と地方消滅問題
・サスティナブル社会、SDGsなど
日本の人口減少と高齢化、少子化は、ずっと前から大きな課題でした。『未来の年表』(河合雅司著・講談社現代新書)がベストセラーになり、ビジネスマンだけでなく、人々は見えない未来に対して悩んでいました。それは地方消滅~地方創生への政策課題を生み、数々の国家的なプロジェクトも立ち上がっていました。

さらに、産業革命以降の地球温暖化や資源問題、いわば近代という時代そのものが大きく問題視される中で、「国連気候アクション・サミット2019」の場で、スウェーデンの16歳の活動家、グレタ・トゥーンベリさんが、「経済発展がいつまでも続くと思っている大人たちのおとぎ話」を糾弾したのもコロナ禍の前年でした。

こうした地球規模、人類規模の問題はなくなるどころか、コロナ以降ますますリアリティをもって我々に迫ってきます。

2　コロナ禍によって、明らかになったこと

・政治と行政の問題
・進んでいなかったデジタル化や働き方改革など

コロナ禍によって「おそらくそういうことだろうが、改めて世の中に可視化された」「ここまでひどいとは思っていなかった」といったことも生じています。

政治と行政の問題は複雑ですが、「緊急事態」というものにここまで脆弱《ぜいじゃく》で、対応が遅い縦割り行政組織や、またその状況を様々な次元で情報発信していくマスコミやSNSなど、デジタル時代ならではの世の中の複雑さを改めて露呈しました。他方で、コロナ蔓延直後の保健所が情報通信手段に「ファックス」を使っていたなど、時代とはかけ離れた事務インフラの実態も明らかになりました。

それは一般企業も同じことです。コロナ禍直前に叫ばれた「働き方改革」「在宅勤務」を、まさに実行に移そうにもシステムインフラが整っていない、仮にインフラが整っても、デジタル経由ではコミュニケーションがうまくいかないことも明らかになりました。他方で、テレワークは不可能だが社会的に不可欠な仕事に従事する人々として「エッセンシャルワーカー」という言葉も生み出されました。

3 コロナが時代を進めたこと

・デジタル化、DX（デジタルトランスフォーメーション）
・大都市一極集中から地方分散、テレワーク、遠隔授業など逆にコロナ禍によって強制的に「適用」された未来もあります。デジタル化にともなう技術や道具の活用は、テレワークから学校の遠隔授業まで、「距離と時間」に縛られない人々の交わりを可能にしました。それは、定時に一か所に集まって仕事をする、というこれまでの常識から、全国どこに居ても仕事ができ、つながる必要に応じてつながればいい、という新たな働き方の可能性も開きます。人材派遣業大手のパソナグループのように、本社を東京から淡路島に移転する企業も出てきました。都市部におけるオフィスの役割や経済性も、改めて見直されることになるでしょう。

こうした動きをすべての仕事や教育の場面に適用するには無理がありますが、コロナ禍での仕事や学習の方法を知ってしまった人々は、コロナが過ぎても完全に元には戻らないと思われます。

4　コロナの後に、戻ること、再認識されること

・リアルの場の価値、相対（あいたい）の価値
・リアルでの経験、体験など

こうした様々な動きの中で、コロナ禍をふまえた「売り」のあり方をとらえるカギとなるのが、リアルという場の価値です。コロナ後に何が起きるかは様々な見方がありますが、

リアルの店舗、リアルの接客を含めた「リアルの体験」がこれまで以上に重要になることは否定できません。しかしそれはこれまでの延長ではなく、「デジタルの便利さや機能を知った上でのリアルに求める価値」として、質・量ともにバージョンアップしたものになると思われます。

よく、「デジタルは機能でリアルは体験だ」という言われ方があります。たとえば服を売る場合に、デジタル上で在庫確認や決済、配送手配などをおこない、リアルの店舗では実際に試着して質感やサイズを確かめるような「体験」、また食品であれば試食するなど、リアルでなければ味わえない「体験」を提供するのがこれからの売り方だと。しかしオンラインショップへアクセスして検索するのも、問い合わせや決済をするのも、客にとっては全部が「体験」です。システム上の言葉に起源を持つＵＩ（ユーザーインターフェース）やＵＸ（ユーザーエクスペリエンス）という言葉の意味は、リアル＋デジタル全体で「体験」することなのです。

本書では、令和の販売脳を語る上で「アフターコロナ＆アフターデジタル時代」を念頭に置きました。昭和とも、平成とも異なる「令和」という時代。それは同時に「コロナ時代」の始まりであった、という歴史の偶然を宿命ととらえ、これからの時代の「売ること」を構想します。

・何を、どうわかっていれば「売れる」のか

そして

・いつ、どう動けば「売れる」のか

以下、令和の「売り」に徹した発想と実践のヒントを具体的に示していきます。

チェック！ コロナ禍を冷静にとらえて、アフターコロナの「売る」を想像しよう

第2章

売れる販売員と売れない販売員のちがい

1 売れる販売員は〝客の事情〟を探るが、売れない販売員は〝商品〟を語る

ある時、エアコンを買い替えようと思って大型家電店に行きました。季節は初夏で、エアコンの売場では販売スタッフが待ち構えていたように接客してくれます。

1人の販売スタッフがサッとやってきて、言いました。

「こちらは当社○○工場で作った○○ブランドのモデルです。ISO基準で有名な最新の設備とスペックで、省エネも万全、自動クリーニング機能も進化して換気もよく、これをこのお値段で買えるのは本当にお得です。今日限りのキャンペーンで、上の者と相談すればもっとお値引きできます」

立て板に水のように語られる言葉を聞くまでもなく、「はい、はい」と適当に答えながら隣のコーナーに足を進めます。すると、別の販売スタッフがなにげなく近づいてきてこう語りかけます。

「お買い替えですか?」

「マンションですか」

「お部屋の大きさは？」

「何アンペアのご契約ですか？」


軽い気持ちで答えていくと、次のように言ってきました。

「そのお部屋に続き部屋はありますか？　もし続き部屋をふくめて15畳以上の広さになるなら、２００ボルトタイプのほうが結果として消費電力はお得になりますよ」

でも、「２００ボルトって……うちは家庭用電源ですが……」と言うと、

「１００ボルトから２００ボルトへのアップは、管理室にお話すればこちらで簡単にできますよ」

と答えてくれます。結果、あとのほうのスタッフから、２００ボルトのエアコンを購入しました。


この話には「売る」ということの本質があります。最初のスタッフは最初から最後までエアコンという「商品」のことしか言わない。２番目のスタッフは、最初から最後まで「客の立場」に立って「客の家の事情」、つまりエアコンが設置される場所のことを聞き出そ

うとするのです。

人が人にモノを売るとはどういうことなのか。様々なとらえ方がある中で、このエピソードは最も基本的なこと＝客の立場に立つ、ということの大切さを物語ります。

営業や販売の教育で必ず教わるこの基本。しかし現場で「売上ノルマ」を抱えた瞬間、「売らんかな」の気持ちがどうしても出てきます。その気持ちは客に伝わり、売ろうとすればするほど客の心は遠ざかっていく……販売をやったことがある人ならだれもが経験する話です。

デジタル＆アフターコロナ時代になって、相対（あいたい）接客は難しくなり、パソコン越し、ＬＩＮＥ越しでの接客が増えてきました。客の目線、客の立場に立つことは「売る」ための鉄則としてますます重要性を増しています。


チェック！ まず、目の前の「お客様」の気持ちになろう

2 売れる販売員はキーワードを外さない、売れない販売員はキーワードを知らない

【エピソード①】「エコリカ」を知らない家電店スタッフ

ある日、パソコンプリンターのインクが切れたので、某大手家電店に買いに行きました。インクの型番を照らし合わせながら探していると、近ごろ「接客販売を強化」したというその家電店の販売スタッフが近づいてきます。

販売員「どちらのインクをお探しですか？」
私　「キヤノンの○○番のイエローとマゼンダなんですが、エコリカのリサイクル品はありますか？」
販売員「エコリカ？……」

エコリカとは、インクカートリッジを廃棄せずにリサイクル利用して、様々なメーカーのプリンターのインクを作っている会社です。筆者はたまたまかもしれませんが、ラジオから流れるエコリカのＣＭソングを毎朝聞いていて、割安の同社のインクを使うことが多

かったのです。

しかし、その家電店のスタッフから「エコリカ」を知らない素振りをされた瞬間、まったくそのスタッフを相手にしなくなりました。実際、スタッフの方も素っ気なく去って行きます。結局見つからず、別の家電店で探して見つけて買いました。「エコリカ」という言葉を知らなかった、というだけでその販売スタッフは、筆者の中では全く信頼できない人になってしまったのです。


【エピソード②】「シンフォニー」という言葉を知らないオーディオ販売スタッフ

ある百貨店で、極上のオーディオセットを売っていました。その筋では誰もが知っている最上級ブランドのオーディオ機器が品揃えされ、近くには防音室になった専用の視聴ルームまであります。

興味を持って見ながら販売スタッフと話していると、「ぜひ視聴していってください」と言われ、特別仕様の視聴ルームに入ります。するとモーツァルトのバイオリン協奏曲の第５番が流れています。

「コンチェルトだと音の広がりがわからないので、何でもいいからシンフォニーを聴かせていただけますか」

こう言った瞬間、販売スタッフの顔が曇ります。

「し、しんふぉ……?」

この瞬間、このスタッフとは話したくなくなり、適当にかわしてその部屋を出ました。シンフォニーとは交響曲のことで、様々な楽器が一斉に鳴り響くので、音を聞くには一番よくわかるのです。これだけすごいオーディオ機器を売ろうという人が、シンフォニーという言葉も知らないのか……。

たった一言でも、基礎中の基礎となる言葉を知らなかったことが、その後の接客をナシにしたのです。


ある商品を買おうと思ってスタッフと話したら、その商品にまつわる基本的な用語を知らずに興ざめした経験は、誰にもあると思います。その用語はキーワードを越えてそれを売るための「キリングワード（殺し文句）」とも言えます。デジタルの発達で買い手の知識や情報がどんどんプロ化していく中、モノを売るための必須用語の知識は不可欠です。

チェック! **あなたの売る商品にとっての「キリングワード」を押さえよう**

3 売れる販売員は客に「逃げ道」を用意する、売れない販売員は客を「追い詰めてしまう」

「販売のコツは、お客様に〝逃げ道を用意しておく〟ことなんですよ。

決して追い詰めてはダメ。

お客様が自分の意思で決めた、と思っていただかないと、必ず返品になりますよ」

これは、筆者が販売の現場で最初に教えられたことです。これを教えてくれたのはそのショップ（家具やインテリア用品を売っていました）のトップセールスだった、超ベテランの男性販売員でした。彼は、駆け出し時代の筆者がショップ内をウロウロしている間に、30万円、40万円といった大型家具のセットをどんどん売って、気がつくと発注伝票を書いています。一体どうしてこんなに売れるのか？　悩みつつ相談した時に言われたのがこの言葉でした。

大物家具のような大きな買物に限らず、たとえそれが100円ショップでの買物であっても、ヒトは誰もが「よい買い物をした」と思いたいものです。金額が大きければなおさらのこと。そして買うことを決めるまでは「できるだけ多くの選択肢の中から選びたい」と思い、買うことを決めた瞬間から「自分の選択がベストであると思いたい」との心理が働きます。その結果、自分の買物が間違っていた、もっと良い商品があったという情報を極力シャットアウトする、それが買物における心の移り変わりなのです。

心理学では、相矛盾する心理状態について「認知的不協和」という言い方をします。

たとえば、

「甘いお菓子は大好き」だけど「甘いお菓子は太る」

「タバコは好き」だけど「タバコはガンになるかもしれない」など。

このように矛盾する心理状態の中で、人は矛盾を解消するために一方の認識を修正します。「甘いお菓子は大好き」だけど「今日限りにして明日からダイエットすればいい」。「タバコはガンになるかもしれない」けれど「タバコを吸う人みんながガンになったわけではない」。このように、一方の認識を修正することで心理的な矛盾を解消しようとする、これを「認知的不協和の解消」と言います。

買物をした直後のお客様の心理は、まさにこの「認知的不協和の解消」状態です。今、自分が買ったものよりも、安くて良いものがあったなどと思いたくない。今以上の情報は知りたくない。だから販売スタッフは、お客様が買うことを決めた瞬間以降は、手早く包装し、正確に決済をおこなって、お客様を気持ちよくお見送りすることが大事です。買物を済ませたお客様の心に「認知的不協和」を起こさないために。

この事情を熟知した販売スタッフは、そもそも認知的不協和そのものが生じないようにお客様の求める情報を的確に提供し、選択肢を示します。そして、あくまでもお客様自身の「自由な意思決定」によって買うことを決めた、と思わせるように誘導するのです。そのプロセスを表現したのが先の言葉、「お客様に逃げ道を用意しておく」「お客様を追い詰めない」なのです。

実際、接客販売の中では相当程度にお客様を「誘導」する場面もあります。特に予備知識や情報の少ないお客様に対しては、的確な範囲と深さを持った情報と選択肢の提示が不可欠です。

しかしその場合も、お客様の意思によって「購買決定」してもらうために何ができるか、ベテランになるほどその「技」が磨かれていきます。逆にこの事情をわからないと、いつまでたっても「売れない」販売スタッフのままなのです。

チェック！　お客様の主体的な意思で「買った」と思っていただこう

4 売れる販売員は「売り方」を工夫する、売れない販売員は「売れない理由」を探す

「どうしてこんなに売上が悪いのか？」

「どこに問題があるのか？」

売上の数字が伸びない時、お店では誰もが頭を抱えます。景気が悪い、天気が悪い、人気の売れ筋商品が入荷しない……。商売は3つの「気」次第だと言われるように、売上が悪い理由はいくらでも挙げられますが、天気や景気に原因を求めても、何も変わりません。

ある店で、あまりにも売上が悪いので、店長から「お客様と接客して買わなかった理由を調べろ」との指示が飛びました。販売員は接客の合間に一生懸命メモを取り、それを集めて集計する、そしてそのショップの売上が悪い根本原因を見つけようとします。

一般に売上が悪い理由は以下の点にあります。

①店の前を人が通らない

②人が店に入らない

③店内が見にくい、歩きにくい

④求める商品がない
⑤欲しい商品はあっても、価格やサイズなど、買物の条件が折り合わない
⑥サービスが悪い
⑦なじみのお客様がいない、少ない、来ない、などなど。

①は店舗の立地条件の問題です。新規開店の店ならともかく、開店してから何年、何十年とたてば店の周りの環境は変わります。②は店頭のインパクトや入店しやすさの問題。業種業態で様々ですが、外装・看板、店頭の見せ方、開口部分の広さなど、「入りやすくする方法」はいくらもあります。③は店内のゾーニング（くくり方）や通路の幅、陳列する商品の問題です。商品を変えなくても「見せ方」を変えるだけで、工夫の余地はあります。

面倒なのは④番⑤番です。「求める商品がない」というのは、

◎あるのにお客様が見つけられなかった
◎そもそも品揃え（仕入）していない
◎納品されてストックにあるのに店頭に出ていない
◎たまたま売れてしまって、発注したがまだ入荷していない

◎逆に人気商品なので、商品が取り合いになっていて、発注してもなかなか入荷しない

等々、いろいろなケースがあります。

以前、コンビニエンスストアの本部が、販売の機会損失を避けるために大量の弁当やおにぎりを加盟店に発注させて問題になったことがありますが、これなどは「店にない商品は売上にならない」という小売業の宿命にもとづいています。

また、靴や洋服の場合は、お客様がその商品を気に入って買いたいのに、お客様のサイズに合う商品がたまたまなかったことで売上にならない、ということも多々あります。

さらに⑥や⑦となると本当に深い問題、たとえば、その店の方針や顧客との関係の作り方、販売員の教育、人柄、チームワーク、さらには販売員のその日その時のやる気や感情まで、実に種々様々な「原因」があります。それはもはや「分析して売れない理由を明らかにする」ということだけで、莫大な時間と労力がかかってしまうような社会科学的問題なのです。

また、「買わなかった理由」というのが曲者《くせもの》です。店でお客様に販売していて、買わないで帰ったりすると「どうして買わなかったんだろう?」ということが気になって、このような指示がマネジャーから出たりするのですが、果たしてお客様が「買わなかった理由」がわかったとして、それを裏返せばお客様は「買う」のか、とても疑問です。前記の「売れなかった理由」に比べて「買わなかった理由」は実に様々、そもそも見るだけの方や、他の店やオンラインサイトと比較して買わなかった方もいれば、たまたまその時の気分で買わないこともあります。それはもはや社会科学を越えて、心理学の世界なのです。

あるスーパーが、これまで習慣的に「5時の市」をやっていて、どうも最近売上が悪くなったので、時間帯別売上を調べたら、お客様が高齢化して来店時刻が早まり、1日の売上の半分に至る「折り返し時刻」が早まっているのがわかり、「3時の市」にしたら売上が回復したという話があります。また、スーパーで働く主婦パートの方が、肉・魚・野菜のコーナーの品揃えや売り方について、その評価を「主婦目線」で担当者に伝えたら、売上が上がったという話もあります。パート勤務者を「働く人」から「マーケッター」に変えるだけで、思いもよらぬ商売のヒントが出てきたのです。

売れない理由、買わない理由の調査と分析に時間をかける前に、日々の商売の中でいろいろなことを試行錯誤する、し続けること。つまり「売るための工夫」を繰り返すほうが、結果として「売れる」ことになります。令和ではそのスピード感もどんどん早まっています。

チェック! 「売れない理由」を分析するよりも「どうしたら売れるか」を考えて動こう

5 売れない時、売れる販売員はいったん店を離れてみる、売れない販売員は店に縛られる

「売り上げが悪いから、売場を一歩も離れずに、来店されたお客様に全員で一生懸命売ること！　外出禁止！」

「売れない時、どうするか」では、こんな指示が店長から飛んでくることもあります。前項で書いたように、売れない時にその理由を追求し過ぎるのも空しいのですが、反対に何も考えずにただ店舗に縛り付けるのもどうかと思うのです。

実際に、店の売上が悪い日があって、みんなで一生懸命売るのですが、どうしても目標売上に達しません。それでも何とか売ろうとみんなで頑張るのですが、あとで調べたら近隣の競合店で大規模なセールをやっていて、お客様はみんなそちらに行っていた、というのです。競合店のセールのことは知っていたものの、本当にここまで影響があるとは思わなかったのでした。

いつもと違う、これは何かあったのではないか、というほど売上が悪い時は、売場を離れ、

店を離れて周辺環境をとらえることが必要です。大規模店舗から商店街のお店まで、小売業の人は本当に「自店の商売」に集中していて周りを見ていません。**売上が悪い時ほど自分の店を外側から、冷静に、客観的にとらえるべきなのです。**

以前、商店街のお菓子屋さんで、ある時から「急にチョコレートが売れるようになった」「なぜだろう」と言っていて、実はテレビ番組でチョコレートの健康効果を特集したことで人々が買いに走ったのですが、その店の店主はそのテレビ番組を知らなかった、ということがありました。

また、あるアパレルファッションのお店が、商店街の中に競合となるファッションのお店が開店したのを知りながら、中々見に行かない、行ったとしても遠くからそっと覗いてくるということがありました。

さらに、ある百貨店のグループ会社が経営するスーパーマーケットが業績を上げ、スーパー業界で話題になっているのに、百貨店本体の食品部門の担当者は「自分たちはスーパーではない」と言ってなかなか見に行かなかったこともありました。

このように、小売業、小売店の仕事というのは非常に内向きで、店舗周辺やお客様の動き、そして世の中の事情に疎くなる傾向があるのです。

インターネット時代、オンラインで買い物をする人が増えるにつれて、お客様はこれまで以上に「比較」しながら買い物をしています。サイト上では、いとも簡単に価格や送料の比較ができます。その傾向は実店舗にも影響し、「どこで買おうか」をいうことが厳しく吟味される時代になりました。売り上げが悪い時ほどお店に縛られることなく、お店を離れ、お客様の立場と気持ちになってその理由を冷静に考えてみる……令和の販売脳では「店舗」を「オンラインサイト」のようにとらえることが必要です。

そもそもこの店にアクセスしようと思うだろうか、お客様はどこと比べているだろうか、競合店（競合サイト）と比べて当店の有利な点があるだろうか、そもそも自分自身は自分の店で買おうと思うだろうか……売れない時ほど、お店を外側から眺めてみることが必要です。

チェック！ 売れない時は、自分の店を「外側」から眺めてみよう

6 売れる販売員は客の事情に寄り添い、売れない販売員は店の都合にとらわれる

インターネットでモノやサービスを売るEC（エレクトリックコマース）の世界に、**「離脱率」**という言葉があります。今ではアマゾンをはじめ、ネットスーパーから様々な業種に至るまで普及した「オンライン店舗」がありますが、離脱率とは、オンライン店舗にお客様がアクセスして、トップページ↓商品カテゴリーページ↓商品詳細ページへと続いていく買い物のプロセスの中の、それぞれの段階でお客様が居なくなっていく、その割合を示しています。一説によれば、ECサイトに100人が「訪問」しても、実際に商品詳細ページまで進めて商品を「カート」に入れるのが3人、実際に購入するのが1人、という話もあるほど、多くのお客様が買物の途中で「離脱」していきます。

ある調査で、お客様がインターネット上で、どんな様子で買い物をしていくかを調べることがありました。被験者（マーケティング調査では、調査対象の方をこう呼びます）の方にパソコンの前に座っていただき、普段使っている検索サイト（グーグルかヤフー）からどういう言葉で検索してオンラインサイトに行き着くか、さらに目的の商品までたどり着いて注文するか、普段通りに操作してもらいます。そしてその様子を、被験者の映像と

ともに別室のモニター画面で見る。それによって、サイトやページの改善に役立てようという調査です。もちろん、誰が調査しているかは伏せておきます。

たとえば、お中元として「お酒」を誰かに贈りたい方を被験者にした場合。検索ワードに何と入れるか、「ギフト　お酒」か「お中元　お酒」か、または「(百貨店名) 中元　お酒」か、それとも「アマゾン　お中元　お酒」か。いろいろなケースがありますが、いろいろ検索して絞り込み、ある百貨店のギフトサイトから送る商品を選びます。そして、カートに入れて今まさに「購買確定」のボタンを押そう、という時です。

「これと同じ商品、楽天にもあるよね～」

と言いながらサッサと楽天のサイトに移動（離脱！）して、価格を比較しはじめる。さらにもっと安く送る方法はないかと、ギフト専用サイトをいろいろ検索しはじめるのです。この様子を見ながら、つくづくネット時代の「消費者が主人公になった買物」とはこういうことなのか、と実感しました。

実店舗の場合、店頭に来店して買う商品を決めれば、そこからいきなり他の店舗に移動することはありません。たとえばA百貨店とB百貨店の間には「連絡通路」などはなく、A百貨店で買うことを決めればもうB百貨店には「離脱」しません（A百貨店で買う、と決めるまではいろいろな店を見て回るでしょう）。ところがECでは、このサイトでまさにこの商品を買うという場面＝あとワンクリックで購買確定という段階においてすら、別のサイト（＝店）ではどうなのか、ギリギリまで買物は確定しないのです。

この調査では、最初に「あと一歩」で購買決定だった百貨店のサイトが急に重くなったことも、離脱の理由でした。その背景には、百貨店特有の複雑な贈り物の手続きが、システム上ページの画面の移動速度を遅くしたことが、お客様の気持ちを萎えさせてしまった点があります。それはお客様とは関係のない、店側の都合でした。

売れる販売員が常に客の事情に寄り添うように、インターネットでの買い物も日々進化する中、買い手の事情に即応する形で使い勝手が更新され、「使い勝手競争」が展開されています。そこには売り手の都合など全く関係なく、「どのサイトが使いやすいか」「どのサイトが一番安いか」といったことで比較され、選択される厳しい世界です。こうしたネットでの買い物を通じて培われた意識や習慣は、実店舗の選び方や買い方に直結します。「買い手の事情」の前では「売り手の都合」など一瞬にして吹き飛んでしまう……令和の販売脳の一端がここにあります。

チェック！ 「買い手の事情」にどこまで寄り添えるかで「売る力」が決まる

7 売れる販売員は伝えたいことがある、売れない人は伝えたいことがない

「どんな商品でも良さをわかってもらうためにはプロ意識を持って徹底的に伝える。10回であきらめてはダメ。100回でもダメ。伝えきったと思った瞬間、絶対に売れる」（日経MJ2014年1月17日参照）

独特の語り口で「テレビショッピング」の分野に新たな世界を切り開いた「ジャパネット」の高田明氏は、こう言います。最後の「絶対に売れる」という部分には高田さんの信念ともいえる強い思いが込められています。

1986年に設立され、1994年に「テレビショッピング」分野に進出、一代でジャパネットグループを築き上げた高田氏の語り口は、2016年に経営を引退した今でも、多くの日本人の耳に残っています。そしてその背景には、商品の良さや本当の価値を伝えたい、というどこまでも深い思いがあります。

高田氏が意識するのは、単なる商品の良さではなく、「誰にとって」良いか、「誰にとって」価値があるかということです。誰に売りたいかによって、訴求ポイントが全く変わっ

てくるからです。

たとえば最近話題の「タブレット端末」。顧客の8割が50歳代以上のジャパネットでは、70歳以上の方が楽しそうにタブレットを使う映像を使い、これを使うと新たな楽しみや生きがいにつながる、これを使えば画像で世界遺産めぐりや、お孫さんとのテレビ電話ができる、と伝える、それが高田さん流の「伝え方」です。

また大画面を持った大型テレビでは、次のように語ります。


「皆さん、42インチの大画面がリビングに来たら、格好いいでしょう。お宅のリビングが一気に生まれ変わりますよ。素敵なリビングになるんです。それだけではないですよ。大きなテレビがあったら、自分の部屋にこもってゲームをしていたこどもたちがリビングに出てきて、大迫力のサッカーを観たりするようになりますよ。家族のコミュニケーションが変わるんです！」（高田明著『伝えることからはじめよう』東洋経済新報社刊・136頁参照）

そこには「画素数が……」といった技術的な機能の話は全くありません。大画面テレビがリビングにあったら、お客様の生活がどう変わるのか、買い手の立場に立った暮らしの変化を何度も何度も、様々な言い方で伝えます。それは「引きこもり」といった社会的な問題まで含むきわめて深いもので、ここまで伝えきった時にはじめて「伝わった」と感じることができると言います。

ビジネスのセミナーでも、また書店のビジネス書の棚にも「伝える技術」「伝えるにはどうするか」といったテーマの本が並んでいます。接客や販売という「売る」現場では、先に挙げた大型家電店での筆者の体験に見るように、伝えたいことがあるかどうか、そしてその伝えたいことが目の前のお客様にとってどんな意味を持っているのか、その深い洞察があってはじめて「伝える」は「伝わる」に転換します。そして「売る人」は必ず、伝えたいことを持ったうえで、目の前のお客様にとって価値のあることを「伝える」のです。この傾向は、デジタルやSNSが普通のコミュニケーションツールになった今日では、ますます強くなっています。

チェック！ 「伝える」が「伝わる」に転換すると、売れる

第3章

「客の立場に立つ」と売れる

1 なぜ客の立場に立つと売れるのか

今では、日本人の買物という以前に、日本人の「暮らしの一部」となったコンビニエンスストア。これをいち早くアメリカから日本に導入したのが、元セブン&アイホールディングスの会長だった鈴木敏文氏です。鈴木氏が退任してから5年余りたちますが、今なおその業績と言葉は、流通・小売業界にとって深い意味を保ち続けています。

鈴木敏文氏の言葉の中に、

「お客様の立場に立って」

というものがあります。

よく、小売業の人は「お客様のために」という言い方をしますが、それは上から目線の言葉だと。そこには「お客様のために、できることはやる（が、できないことはやらない）」という心が潜んでいる、というのです。

そうではなく、常に「お客様の立場」で、自分がお客様だったらどう思うか、という判断基準で仕事をするのが小売業の本来の姿だろう、ということなのです。

「私が社員に言い続けているのは、世の中の変化は誰がおこしているかということです。ほかの誰かが起こしているのではなくて、われわれ一人ひとりが変化を起こしている。そのことに気づいていない。社員も一歩会社から離れれば生活者であり、買い手です。買い手としては、自分たちの消費パターンが全く変わり、ニーズが劇的に変化していることを誰もが実感している。ところが、仕事になると一転、売り手の都合にすり替わり、過去の延長で考えてしまう。そして、立場を使い分けていることに気づいていない」（勝見明著『鈴木敏文の「統計心理学」』プレジデント社刊・63頁参照）

この指摘は、小売業で働く人々の、安易な立場のすりかえへの警告となります。

「例えば、自分が消費者としてものを買いに行った時に、その店が品切れであれば、なんだ、この店は、なぜないんだと怒る、食べてまずければ、なんでこんなまずいものを売っているんだと文句をいうくせに、自分の店でお客に文句を言われると、なんてわがままで身勝手な客だと思う。売る側に回ると、わがままなお客の心理を忘れてしまうのはなぜなのでしょう。誰もが売り手であると同時に買い手でもある。買い手の気持ちになって考えることは誰にもできるのです」（勝見明著『鈴木敏文の「統計心理学」』プレジデント社刊・63頁参照）

鈴木氏が言う「客の気持ち」「客の立場」とは、最近流行の言葉で言えば「**自分ゴト**」としてとらえられるかどうか、いわば「**当事者意識**」の有無を指しています。

デジタルとネット社会が発達すればするほど、お客様は店の事情など関係なく、自分に最も適した店や商品を自由に選ぶことができます。裏返せば、どれだけお客様の「立場」に立って物事を見たり判断できるかが、商売の成否に直結するのです。

本章では、この「客の気持ちの自分ゴト化」という観点から、令和の「売る！」を深堀りします。

チェック！ **お客様の立場に立つとは「お客様の気持ちを自分ゴト化」すること！**

2 「客が良い商品だ」と思ってはじめて売れる ――変わるマーケティング思考

マーケティングの世界には、標語や略語がたくさんあります。それは、マーケティングというものが主にアメリカで発達したことにもよりますが、その一例として「マーケティングの４Ｐ」と呼ばれるものがあります。

①Product（商品便益・サービス・ブランド・品質などその商品の中核にある価値）
②Price（価格・値付け・割引など）
③Place（販路・チャネル・立地・店舗など商品を販売する場）
④Promotion（販売促進・広告・宣伝など、商品のことを知ってもらう手段）

これは、モノを作って売るにはこの４つの要素が大事で、かつ各要素が複合されてモノの売り方や売れ行きを決める、ということを表しています。アメリカのマーケティング学者、マッカーシーが１９６０年代に提唱し、前出のコトラー氏も使っている基本中の基本です。

しかし、時代の変化（1章で挙げた「マーケティング1・0～4・0」への変化）が顕著になると、この4Pは、4Cとの関わりで提唱されるようになります。

たとえば、次の通りです。

①Customer value（顧客にとっての価値）……これはProduct（商品）に対応します。
②Customer Cost（顧客にとっての費用）……これはPrice（価格）に対応します。
③Convenience（利便性）……これはPlace（販路やチャネル）に対応します。
④Communication（コミュニケーション）……これはPromotion（販売促進）に対応します。

これは経済学者のロバート・ラウターボーンによって1990年代に提唱されたものです。

4Pが、「売れる商品を、売れる価格で、効果的なチャネルを通じて、顧客に宣伝して売る」という作り手の発想に基づいているのに対して、4Cは4つの要素を買い手の視点からとらえなおし、価値があるかどうかを判断することが必要である、と言っています。

企業やメーカーがいくら「良い商品だ」と思って、「この値段で、この販路で、この宣伝をすれば売れる」と思っても、**買い手にとってそう思われなければ売れない**、顧客が価値を感じ、コストをかけ、便利に入手して、かつ作り手との間にコミュニケーションが成り立つ形で告知されなければ、買おうとは思わない、ということを示しています。

また、コトラー氏も前出の「マーケティング４・０」の中で次のような４Cを提唱します。

①Co-creation（共創）…Product に対応

デジタル時代の商品は、作り手と使い手の共同作業から生まれることも多くなっています。

②Currency（ダイナミックプライシング）…Price に対応

デジタル時代の商品の価格は固定的なものではなく、市場の状況で常に変化する通貨のように刻々と変動する、そうした価格設定が技術的に可能になっています。

③Communal activation（共同活性化）…Place に対応

レンタルやシェアリングなど、デジタル時代のモノやサービスは、特定の販路を通じて「提供」されるものではなく、所有権がなくても使えるようになります。

④Conversation（会話）…Promotion に対応

デジタル時代の宣伝広告は、デジタルによる作り手と買い手の間の双方向の「対話」となります。

マーケティングの「4Pから4Cへ」の変化は、まさに買い手の立場に立って売るための、「令和の販売脳」の出発点です。

チェック！ マーケティングも、常に「買い手」から発想しよう

4Pから4Cへ!　買い手の立場に立って売るための出発点

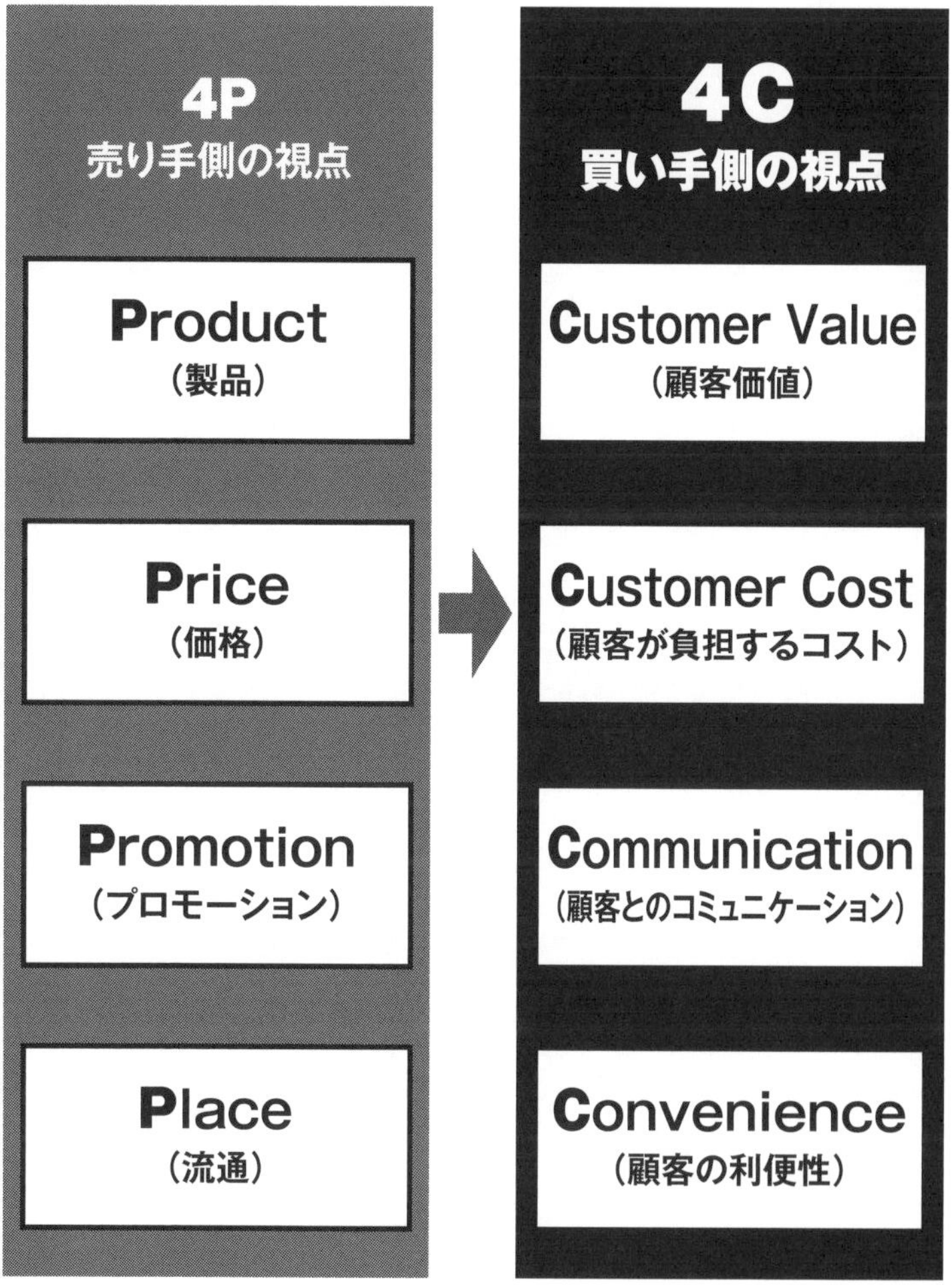

3 立地を発想転換する！
「どこに出せば売れるか」から「顧客の買物動線の中に入っているか」が重要に

以下では、顧客の立場に立つとどんな発想になるのかについて、小売業を想定しながら考えてみます。まずは小売業の成否を決める最大の要素である「立地」から。

店舗の立地は、その店の売上や利益の水準を決める根本的な要因です。業種や業態によって適する立地特性は違いますが、人通りが多い立地はどんな業種にも好立地と言える一方、地代や家賃が高いので悩みどころです。

新たに店を作る時は、「どこに作れば売れるのか」「自分の店にとって最適な立地とは何なのか」を求めて物件を訪ね、多くの候補地を比較します。

周辺人口はどれくらいか、駅は近いか、駅の乗降客数はどれくらいか、候補地周辺の人やクルマはどれだけ通るか、時間帯ごとにどんな人が、どれだけ通っているか、そこに定住している人と通ってくる人（通勤・通学）はどれくらいか、周辺人口の年齢分布は、そもそも所得水準はどれくらいか、商圏はどのくらい広がっていて、どこまでを想定できるか、競合店はどこにどれだけあるか、競合店はどんな商売をしてどれだけ稼いでいるのか、競合店に対して勝ち目はあるのか……それこそ、知りたいことはヤマほどあります。これら一つひとつのことをどこまで突っ込んで調べるかは時と場合によりますが、出店者の問いはひとつです。

「どこに出店すれば売れる（＝繁盛する）店になるのか」

これは出店する人にとって全く正しい問いです。この問いに答えるために、国勢調査をはじめ数多くのエリアマーケティングの資料があり、これを地図上で示すマッピングツールにも様々なものがあります。

しかし、仮にどんなに詳しく調べ、マーケティングソフトで売上を予想しても、本当に売れる店になるかどうかは開店してみなければわかりません。それは本書冒頭に挙げた大都市での百貨店出店の例のように、「地元を行き来する人々の動線＝生活や買い物の動線の一部に組み込まれなければ、お客様の目に入らない」からです。

冒頭の例でも、多くのコストをかけてあらゆることを調べました。アンケートやインタビューから、様々なマーケティングデータを用いた売上の試算など、多くの手間とコストをかけて調べても、結果として売れない店は売れないのです。その原因は、「この店を、地元に暮らす顧客の生活の中にどうやって組み入れていただくか」という視点がなかったことにあります。

商圏や立地といった所与の条件についてでさえ、店舗側から顧客側への発想転換が必要です。ある地域の店舗で、距離は近いのにどうしてもお客様が来ないエリアがありました。特にそのエリアに競合店があるわけでもないのに、広告チラシを何度入れても、そのエリアからお客様が来ないのです。

よくよく調べると、その地域は地勢上「坂の上」になっていて、昔からその地方では「坂の上の人は坂の下には来ない」という行動の習性があったことがわかりました。

単に地図とデータを見ているだけでは絶対にわからないことでした。こうした習性はたとえば、「買物のために鉄道路線を上ることはあっても下ることはない」など、人の動きに関する様々な特性となって表れてきます。

出店立地の判定には、想定しているエリアのデータだけでなく、地域に暮らす、地域に生きる人々の暮らしと行動を起点に、「本当に売れる立地なのか」お客様の立場から判断することが必要です。

チェック！ **お客様の立場から「生活動線」に組み入れてもらえると、売れる**

4

ターゲットを発想転換する！

「誰をターゲットにすれば売れるか」から「私（客）にとって意味のある店舗なのか」へ

ブランドA：30代のキャリア女性
ブランドB：都会的で洗練された30代エグゼクティブ女性
ブランドC：自分のスタイルを持ち仕事もプライベートも大切にする20代女性
ブランドD：自分自身が大好きで欲張りに生きることを楽しむ20代の女性

アパレルファッション大手の企業が提案するブランドには、言葉だけではとらえきれないような「ターゲット」の表現が並んでいます。ファッション感度やテーストが重要な要素となるアパレルファッションブランドの場合、ターゲットを言葉で表現するにはもとより限界があります。しかし商品企画の段階では、クリエイターやデザイナーが思い描く、「こういう人に来て欲しい」という思いが「ターゲット」として存在します。

ところが、実際にファッションブランドを百貨店やショッピングセンターの中に出店して売り始めると、作り手が当初描いた「ターゲット」とは関係なく、様々な人が買っていきます。特に女性のファッションでは、想定したターゲットよりも上の年齢層が買っていく……それは女性はいくつになっても「若くありたい」という気持ちの表れです。

確かに女性の場合は、年齢とともに体型が変化していくので、なんでもかんでも着られるというわけではありませんが、メーカー側もゆったりサイズの商品を充実するなどして、実際の購買年齢を広く設定していく傾向があります。

百貨店のフロア構成の中で「2階・3階問題」という問題があります。婦人服を2フロアで配置する場合、2階は若い女性を、3階はミセス以上の女性をターゲットに考えてブランドを展開しても、実際には3階のターゲットであるはずの中高年女性がどんどん2階で買っていく、そのために2階のコンセプトは崩れ、3階はどんどん高齢化していく、というものです。

これは「自分はできることなら2階で買いたい、まだ3階では買いたくない」という女性ならではの心理の現れですが、このように「ターゲット」には「作り手」と「買い手」の間に溝があるものです。

流行やファッション感度という、定性的な要素があるアパレル商品に限らず、作り手は「だれを狙えば売れるだろうか」を考え、想定したターゲットめがけて多くのプロモーションを投下します。しかし、「あなたをターゲットとしています」と言われれば言われるほど、

「自分はターゲットではない」「自分は自分の個性がある」「一律のターゲットとしてくくられては嫌だ」という心理が買い手側には生まれます。

デジタル時代になって「ターゲット」というマーケティングの基礎的なプロセスが難しくなっているのは、「十人十色」から「一人十色」という形で多様化が進んだ時代背景はもとより、スマホやネットで細分化された欲求やニーズに応えられる基盤が整ってきたこととも無縁ではありません。

これは、最近注目される「富裕層」をめぐるマーケットについても同様です。所得の二極化が進む中、「富裕層」をターゲットに様々なビジネスが広がっていますが、「億」を単位に金融や不動産を動かす世界はともかく、中途半端に「富裕層をターゲット」にしても富裕層は動きません。それは富裕層になればなるほど、強い人的コミュニティを前提にクチコミで世界の一流品を買うため、「ターゲット」にされても何も響かないからです。

「誰をターゲットとするか」ではなく、「お客様にとって意味と価値のある商品なのか」という観点で、お客様の立場から自分の店を見直してみましょう。

チェック！ ターゲットに設定した人の気持ちになって考えよう

5 商品構成と陳列展開（店づくり）の発想転換！
「何を、どう見せたら売れるか」から「何が、どこにあれば買うか？」へ

店とはミセ、「見せる」に通じます。店舗ビジネスは、いかに「売れる商品」を、いかにわかりやすくインパクトある「見せ方」をするか、ということが成否の鍵です。何を仕入れて（商品構成・商品選定）、どう見せるか（陳列VP、VMD）は、小売業の永遠のテーマなのです。

店には大きく3つの制約条件があります。

①**空間的制約＝店舗面積**：お店はお店の中でしか商売できません。商品も、お店の中に並べられるだけしか置けません。

②**時間的制約＝営業時間**：多くのお店には「開店時刻」と「閉店時刻」があります。

③**人的・物的制約**：店内に入れるお客様の人数も、接客対応するスタッフの数や陳列什器や厨房など、様々な店舗設備にも制約があります。

つまり店舗とは、一定の時間的・空間的制約の中でどれだけ高い効率を出せるか、という課題を持っているのです。特に「商品をいかに仕入れていかに売るか」は、店舗面積という制約の中でどれだけ効率よく商売するか、という小売店舗の大問題です。

この課題に対応するため、小売業では「ゾーニング」とか「商品分類」という手法を用います。様々な種類の商品を一定の基準で「分類」し、ゾーンを形成するのです。

たとえば、野菜を売る八百屋さんなら「葉物野菜」「根菜」「果実野菜」、書店なら「雑誌」「実用書」「文芸書」「専門書」、コンビニなら「惣菜・米飯」「飲料」「加工食品」、スーパーマーケットなら「生鮮3品」「惣菜」「日配品」「冷凍食品」「加工食品」「日用雑貨」……というふうに。小売業の現場に入ると、この「商品の分類基準」というものがいかに重要かということに気づきます。それは、数多くの種類の商品を効率的に調達して店頭に陳列する、という「売り手側」の都合と、どういう切り口で商品をまとめて提案すればお客様に響くのかという「買い手側」の関心度とが交錯する場面だからです。小売とは、流通とは、まさにこの「商品の分類単位」の変換のプロセスと言い換えることもできます。

そして「買い物」とは、顧客一人ひとり異なる「関心度」を持ったうえで、店内あちこちを、また商業施設や商店街のあちこちを「買い回る」ことなのです。この「買い回り」を促進するために、実店舗では「どこに、何を、どれだけ陳列すれば売れるか」ということに非常な関心を持って工夫します。

しかし、インターネットでモノを買う習慣に慣れたお客様には、前記3つの制約はありません。ＥＣサイトでは、24時間３６５日、分野も企業も越えた無限とも言える商品在庫の中から、検索機能やレコメンドをもとに自由に見て、比べて、自分だけの一品を選ぶことができます。つまりインターネットでの買い物は、実店舗の店主が「どこに、何を、どれだけ陳列すれば売れるか」とは正反対の発想＝「買い手にとって、どのサイトや店にあれば買う気になるか」という、「お客様の立場」しかないのです。

こうしたネットでの買物体験は、実店舗での買物に大きく影響します。店舗側がどんなに思いを込めて、顧客の関心度を想定しながら〝魅力的な〟展開を作っても、これを「検索対象」としか見ていないお客様には全く響きません。お客様には「自分にとって欲しい商品」がどこにあるのか、それを探すことが第一です。お店がお客様の心理を一方的に想像して陳列したところで、お客様の心にヒットする確率は低くなります。これは成熟社会とデジタル社会が掛け合わされたことで生じる、小売業の新たな壁と言えます。

自店の品ぞろえや陳列をお客様の立場から見直すこと、お客様がどんなＥＣサイトと比較して買いに来るかを想定すること……令和の「売る」はここから始まります。

チェック！ 自分の店が「ECサイト」だったらどんなページになるか、考えてみよう

6 販売促進の発想転換！
「いつ、何を、どの媒体で告知すれば売れるか」から「私にとって意味ある情報か？」へ

どんなに魅力的な商品や、どんなに売れることがわかっている人気商品を品揃したとしても、買い手であるお客様に知ってもらえなければ売れません。販売促進や宣伝、広告とは、モノを売るためには不可欠です。

これまでの販売促進と言えば、「4大媒体」と言われるマス媒体広告が中心でした。テレビCM、ラジオCM、新聞広告、雑誌広告……この4つのマス媒体を通じて、大量生産と大量販売を可能にしたマーケティングが、これまでの主流でした。しかし、この状況は大きく変化しています。今では、どんなに莫大なコストをかけて大規模な広告宣伝をおこなっても、買い手にとって意味のある情報でなければ一顧だにされない状況です。それは大きく2つの要因によって進展しました。

一つ目は消費の多様化です。これはかなり以前から言われてきたことですが、高度成長期のように「みんなが欲しい」といったマーケティング1・0の時代から、大体のモノはみんなが持っている中で、いかに差別化し特徴を打ち出すかというマーケティング2・0の時代、いわば十人十色、一人十色と言われて久しい時代です。商品の種類は多様化し情

報も莫大に増えている中、そうなるほど伝えたい情報が伝わりにくくなっています。

そして決定的なのは二つ目の要因。デジタル化による「情報」と「コミュニケーション」の形の変化です。

マーケティング3・0から4・0の時代になるにつれて、企業の発信する情報は単なる商品にまつわる情報から、**それを作っている企業の姿勢や理念、さらに買い手にとってどんな意味があるのかといった深いものになっています。**イメージ広告が重要な時代でもあります。そうした中で、コトラー氏も指摘するように、情報は企業から消費者へと一方的に発信されるものから、企業と消費者の双方向な関係、また消費者同士の関係を含めて、消費者集団という「コミュニティの承認」がないと伝わらない時代になったのです。

SNSをめぐるコミュニケーションには様々な課題があるのは事実ですが、少なくとも情報の受け手にとっての意味や承認なしには、企業も店も「伝えようがない」時代になったことは確かです。

この流れは、企業や店舗をどのように知ってもらうか、どのようなものとして顧客に「認識」してもらうか、という「ブランディング」の問題に直結します。ブランディングは非常に幅広く、奥深い意味を持っていますが、一言で言えば、企業や商品、店舗を「どのような存在として顧客に知ってもらうか」という問題に応えることです。

名称（ネーミング）やロゴマーク、カラーやデザイン、キャッチフレーズ、ジングル、そして店舗環境やスタッフの対応、URLに至るまで、あらゆる「顧客接点」で生じるイメージを決定づける要素が、ブランドにはあります。たとえばスターバックスであれば、独特の店舗空間や感じのいいスタッフ、コーヒーの香り、BGMなど、あらゆる要素が総合されることでスターバックスのブランドイメージができあがります。

しかしスターバックスは1996年に日本に1号店が出来て以来、マス媒体を使った広告をおこなったことがありません。もちろん公式ホームページやSNSなどデジタルメディアを活用した情報提供はおこないますが、それに基づき日本中の多くの「スタバファン」が各自のSNSアカウント上でタグ付けをおこない、拡散することで新商品の情報が伝わっていきます。

それはまさに、スターバックスの「ファン」というコミュニティに承認されることで可能になる、新たな形でのコミュニケーションです。「どうすれば伝わるか」ではなく「誰を通じて伝えてもらうか」が令和の「伝える」の第一歩なのです

チェック！ 伝えられた人にとっての意味・気づき・喜びを考えよう

7 サービスの発想転換！
「どんなことをやれば、もっと買ってくれるか」から「私にとって何をしてくれればうれしいか」へ

Ａｉｒペイという「決済システム」のテレビＣＭがあります。

買物に来て、クレジットカード、電子マネー、ＱＲ、ポイントカードといった様々な決済手段で払いたい、というお客様に対して、店主役のオダギリジョーさんが「それ、全部使えません」と言うと、「じゃいいですぅ～」といってお客様が帰っていく、まさに決済手段に対応できるかどうかが、買物してもらえるかどうかを決める決定的な要素になった時代を象徴するようなＣＭです。

消費者行動としての購買意思決定プロセスには、伝統的なＡＩＤＭＡ理論から最近のＡＩＳＡＳまでいろいろなものが言われてきましたが、これらのプロセスの中には「決済」という段階はありません。つまり、今までのマーケティングや消費者行動では問題にならなかった要素が、購買意思決定に大きな力を持つようになったのです。

まさにデジタル社会による変化を示すことですが、いわば**買い手にとって何が使いやすくて便利なのか、そしてお得なのかということが、購買決定の要素の中で最優先する、買い手起点の社会が実現**したことを意味します。

どんなサービスをすれば売れるのか、という発想自体、元々かなり無理があるものでした。もう20年ほど前の話ですが、ある百貨店の「全館リニューアル」広告にこんなものがありました。

「サービスから生まれ変わります。○○百貨店」

そして、その広告の表紙には、様々な資格名のプラカードを手にした販売スタッフが、何人も写っています。「シューフィッター」「カラーアドバイザー」「インテリアコーディネーター」「ブライダルコンサルタント」……。

確かに、何らかの資格を持っていることで百貨店としての信頼感はあるのですが、逆に資格を示さなければ信頼できないのか、さらにより実際には、そこに写っているプラカードの人に本当に相談したいと思うか、お客様の抱える問題をこの人が本当に解決してくれるのか……といった点に疑問に感じました。このように「何でも相談してください」と言われると、かえって相談しにくくなる印象を感じたからです。

これは筆者も何度か経験したことですが、「相談コーナー」という形でこちらが身構えると、お客様のほうも身構えて相談に来なくなってしまうということがあります。資格を前面に出し過ぎると仕事が来ないのも同じです。どうやらお客様は「こういうラインナップでサービスメニューを揃えました、いかがですか」と言われてしまうと、かえって気持ちが萎《な》えてしまうようなのです。

なぜなら「どんなサービスが喜ばれるんだろう」「どんなサービスをすれば売れるんだろう」という、ある種の上から目線（資格をかざすと余計にそう感じます）が、お客様に伝わってしまうからです。

本章の冒頭で挙げた鈴木敏文氏がいう「お客様のために」と言う感覚がお客様側に伝わることで、本当にサービスを求める方にサービスが届かない、そんな状況になるのです。なぜなら「サービス」というものは単独でそれ自体あるものではなく、その時、その場のお客様の要望に付随するものとして存在するので、サービスだけを取り上げて「これだけ揃えました」とやられても、お店側ができることがお店側の都合で並べられているとしか見えないからです。そうしたお店に限って、決済手段の多様化など、買い手にとって本当に必要なサービスは抜けていたりすることが多く見られます。

「どんなサービスをすれば買ってくれるか」から「イマ、ココで買い手が求めるサービスとは何か」への発想の転換は、令和の「売る」のためにますます必要性を増しています。

チェック！ イマ、ココで買い手が求めることは何かを考え、実現しよう

第4章

販売員が身につけたい「マーケティング脳」超入門！

1 本当に使えるマーケティングは〝これ〟だけを覚えておこう！

前章までの議論を踏まえて、この章では「マーケティング」というものを改めて見直してみます……と言いつつ、果たしてマーケティングという言葉ほど多用され、学問からビジネスの世界に至るまで様々なとらえ方がされている分野もないでしょう。人によっては、何か新しいビジネスの種を見出せば、それはそのまま「○○マーケティング」と言われるほど「言ったもの勝ち」な世界なので（たとえば、インバウンドマーケティング、インフルエンサーマーケティングという具合です……）。

その結果、学者や実務家の数だけマーケティングがあり、ややもするととらえどころのない、使い勝手の悪いものになっているきらいがあります。

ここでは、小売業の立場からマーケティングをとらえ、さらにデジタル化が進む現状の認識を加えることで、令和に売るための〝使えるマーケティング〟の枠組みを示していきます。膨大なマーケティングの範囲を、以下の６つの観点からとらえます。

①戦略的マーケティング

↓ＳＴＰや４Ｐといった、超基礎的なマーケティング取り組みのプロセス

②顧客マーケティング

↓市場調査やターゲットの設定など、ヒトを起点としたマーケティング

③商品マーケティング

↓商品開発やマーチャンダイジングなど、モノを起点としたマーケティング

④店舗マーケティング

↓商圏や店舗の立地、店内構成、ＶＭＤなど「場所」のマーケティング

⑤プロモーションマーケティング

↓ブランディングや販売促進、営業・販売など、顧客と店との接点や関係にもとづくマーケティング

⑥ソーシャルマーケティング

↓ＳＤＧｓに代表されるマーケティングの社会的側面

マーケティングは山登りのようなもので、いくつもの登山道があります。どの登山道から登っても、最後は同じゴール（山頂）にたどり着くことができますが、登山道の長さや傾斜、また登山中に見える景色も違います。また各登山道の間には様々な「横道」があり、

そこを伝って途中で別の登山道に移ることもできます。

読者の皆様は、ご自身の会社や組織、店舗の状況に、この6つのマーケティングへのアプローチを当てはめながら、何が課題なのかを考え、実践していく術を身につけてください。それがまさに「令和に売る」販売脳の基礎体力になります。

また、特にデジタル分野出身でオンラインショップに取り組み、リアル店舗の実務経験がない方にとっては、改めて実店舗のマーケティングを知ることがとても大きな武器となります。

チェック！ マーケティングは「売る」の基礎体力

2 ①戦略的マーケティング 販売員は、まずはマーケティング的な思考の枠組みである「戦略フレーム」を身につけよう

マーケティングの観点から企業や商品、店舗のあり方をどうとらえて課題を見出し、方向性を決めていくか、そして具体的な取り組みにどうやって落とし込んでいくか……実はこのプロセスそのものが案外共有されていないと思うことがあります。

「これからはブランディングだ」「今はデジタルマーケティングがわからなければダメだ」……様々な言説が飛び交う中で、企業や店舗をとらえる基本的なフレームはますます重要性を増しています。

88ページの図は、そうしたフレームを表したものです。

まずは、

①仮説を持ち、
↓
②外部・内部の環境を調査分析して、
↓
③課題の根本をとらえ、その上でコンセプト（誰に・何を・どのように提供するか）を明

確にする。

↓

④そして、具体的な取り組みへと落とし込んでいく。

この4つの段階を意識した上で様々なことを調査・分析し、議論しながら、決めていくことが、マーケティングを「使える」ものにするコツです。

①の「仮説」は、とにかく何らかの問題意識を持つことです。「売上が悪いのは気温の変化が例年とは異なるからではないか？」「客層が高齢化しているのではないか？」「コロナ禍でテレワークの人々はこんなことに困っているのではないか？」など、日頃感じていることをできるだけ具体的な言葉にするのがポイントです。

②の「調査分析」は、マーケットや業界、消費者調査をもとにSWOT分析や3C分析を用いて自社・自店の現状を把握します。「消費者動向」「商圏」「競合店分析」などはここに入ります。

また、③の段階で用いられるのが「STP」です。これは、S：Segmentation（市場細分化）→T：Targeting（ターゲットの設定）→P：Positioning（位置づけの明確化）といったプロセスを経て、自社製品や自店の市場内・競争上のあり方を打ち出していく手法です。「STP」を経た上で、「誰に、何を、どのように」提供するか、という「コンセプト」を明確にします。

そして、コンセプトにもとづいて④の4P、すなわちProduct（商品の価値）Price、（価格戦略）、Place（販売のチャネル・場づくり）、Promotion（宣伝・広告）という4つの要素を組み合わせることで、モノを売っていく具体的な施策を組み立てます。


自社や自店の現状について、何をどこからとらえていいのかがわからない時は、まずはこのフレームに当てはめて考え、調べ、議論することをお勧めします。このフレームはマーケティングの範囲ですが、この先に「ヒト・モノ・カネ」の資源配分をどうするか、という問いを付ければ、経営計画の組み立て方にも応用できます。

また、このフレームは民間のビジネスだけでなく、行政や病院、学校、宗教法人、地域活性化など、社会の中で自らを「経営」していくべき事業体や組織にも幅広く応用できます。

令和に「売る」ためにも、マーケティングの基本フレームは重要です。


チェック！ アタマの中に、マーケティングのフレームを組み込もう

マーケティングの基本フレーム

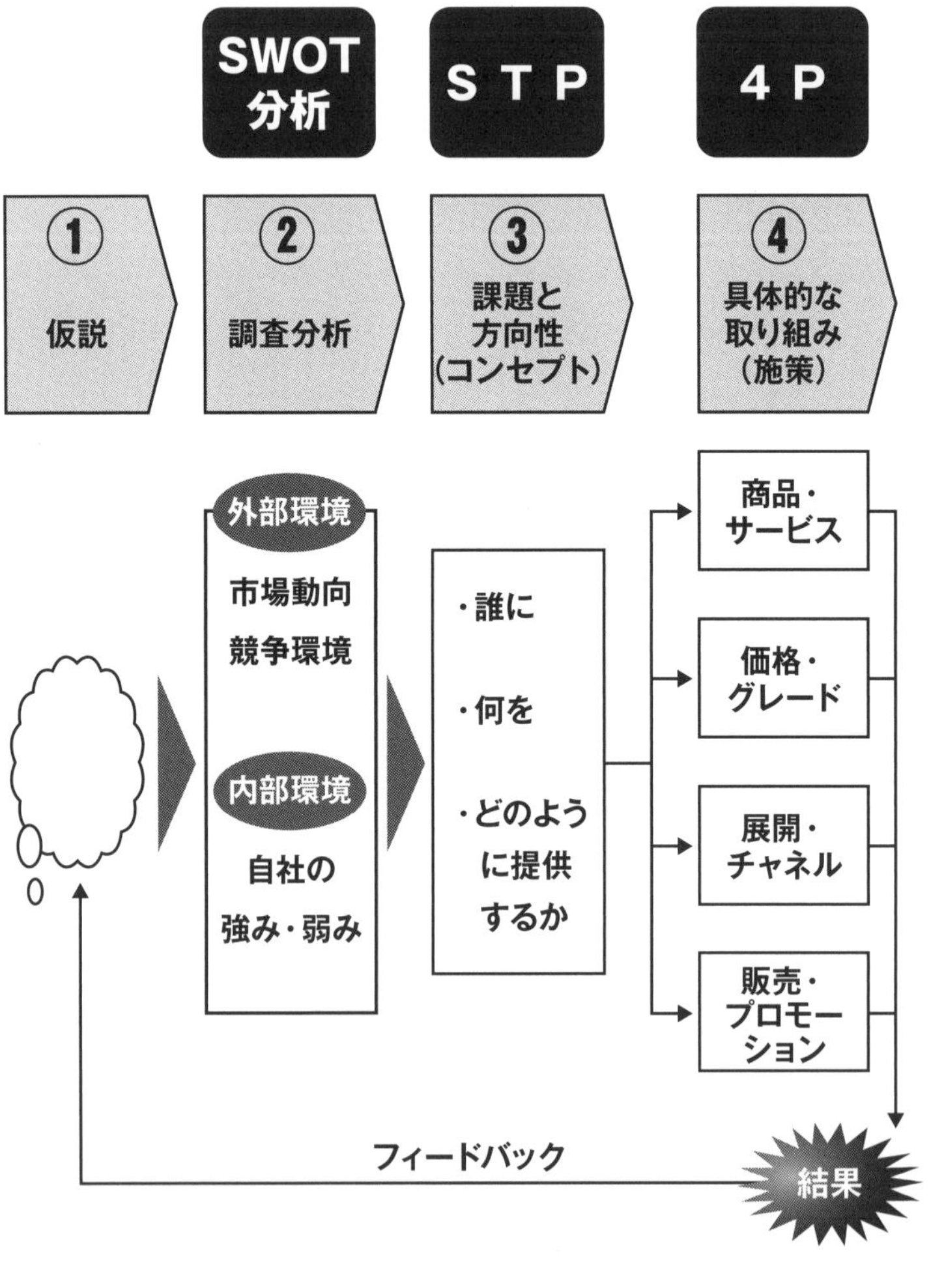

3 ②顧客マーケティング
顧客を「知ろう」という意識を持つと、売れる

マーケティングというと、アンケートやインタビューなどの「調査」をイメージする方もいるかもしれませんが、それはほんの一部の話です。顧客マーケティングは大きく4つの段階からとらえます（次頁の図参照）。

【①顧客を「知る」段階では何をするのか】

新型コロナでますます先が見えない中、改めて「未来予測」が大きなテーマとなっています。

社会や経済のマクロ動向や未来予測、その中で形成される世代特性（X世代、Y世代、Z世代が有名です）や、性別・年齢・職業・既婚未婚・子あり子無しなどの「属性」、生活意識や消費行動、どこに住んでどこで働いているかといった地理的特性など、社会に生きる人間を総合的に「知る」ことがこの段階です。

マクロ動向の把握にはPEST分析（政治的・経済的・社会的・技術的要素から社会動向をとらえる手法）が有効ですが、重要なのは、世の中の変化が自分の企業やお店にどん

顧客マーケティングの全体像

① 顧客を知る	② 顧客を決める	③ 顧客に近づく	④ 顧客をファンにする
①顧客を知る切り口 ・時代・社会 ・世代・属性 ・意識・心理 ・地理・地域 ・行動・実績 **②顧客を知る方法** ・既存データ ・実態調査 アンケート インタビュー 観察法	**STP** **S** セグメンテーション **T** ターゲティング **P** ポジショニング	**4P** **プロダクト** 製品・商品 **プライス** 価格 **プレイス** 販売の場づくり **プロモーション** 広告宣伝・営業 ブランディング	**CRM** カスタマー・リレーションシップ・マネジメント ・顧客獲得 ・利用促進 ・固定化 ・ファン化

な影響があるかということです。

また年齢や世帯構成、職業、所得などのデータは国勢調査がベースとなっているのでネットでも調べられますが、自店のある地域の詳細なデータは、役所の統計課などへ行くとわかります。

さらに生活者の意識や行動については、公開されている調査結果だけでなく独自に調査が必要です。

アンケート調査やインタビュー調査で、自店の利用者や自店周辺に住む人々に調査をかける……といっても、レジで支払いを済ませたお客様に簡単なアンケートをおこなったり、チラシの一部にちょっとした質問欄を設けて、書いて来店すると何かサービスがある、といったことをするだけでも結構わかります。

要は、「お客様のことが知りたい」というマンドが大事で、これがあることで様々な機会を利用して顧客理解を深めることができるのです。


【②顧客を「決める」段階ですること】

前述のSTPを中心に、市場＝買い手のニーズを細分化し、その中の「どこを狙うか」＝ターゲットを決める段階です。

次頁の図は、あるメーカーが新しいシャンプーを開発する時の例ですが、小売業でも全く同じです。対象となり得る人々を、年齢や職業、購買力、家族構成といった「属性」や、買物に対する意識や行動特性、ニーズの特性などで細分化し、その中の「どんな人」をターゲットにするかを決めていきます。

売上がどうも伸び悩んでいたら、「今の自店の顧客層はどういう人たちなのか」を調べて、ターゲットの設定がこれでいいのかどうかを考え直します。想定通りの客層の方が買っているのに売れないとすれば、その客層の設定に誤りがあります。また当初のターゲットとは異なる客層が買っている（たとえば高齢化が進んでいる）とすれば、今のままでは先がない、ということになります。

店舗の場合、規模にもよりますが、

「どんなお客様が来ているのだろう」

「年齢構成は？　家族は？　カップルは？」

「この方の購買力センス・ライフスタイルは？」

という観点を持って、毎日来店客を見ているだけでも相当なことがわかります。

要は、常に「**お客様は誰なのか**」という観点を持って、商売をおこなうことが重要なのです。

STP（シャンプー開発の例）

STPとは……市場全体を切り分けて、ターゲットを明確にしていくための方法

S セグメンテーション

例）シャンプー市場
＝ シャンプーを買う可能性がある人全部

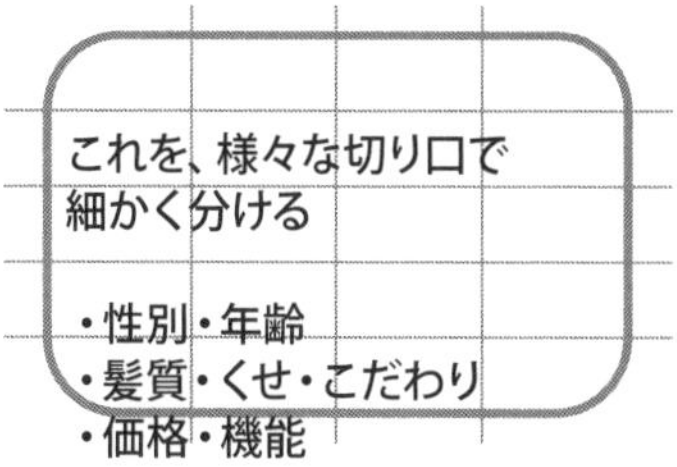

T ターゲティング

狙うべき市場、顧客層を明確にする

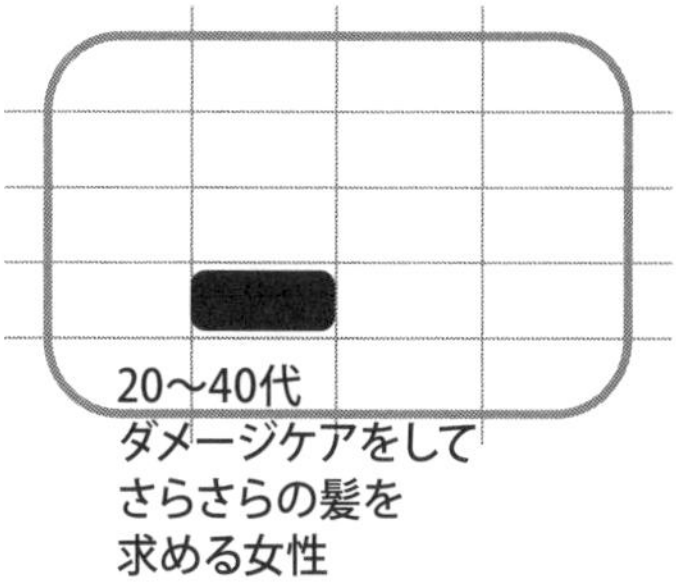

P ポジショニング

位置づけ ＝ 他社製品との差別化ポイントを確認する

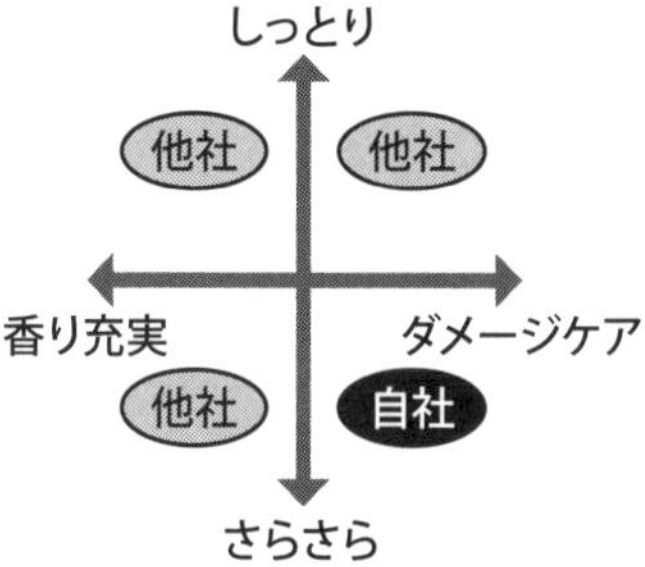

【③、④「顧客に近づく」「顧客をファンにする」段階ですべきこと】

「顧客に近づく」は、後述の「マーケティングの4P」が中心になるので、ここではいかにして顧客を「固定化」し「ファン」にしていくか、という段階について述べます。

前世紀の末頃から、CRMという考え方がマーケティングに入ってきました。Customer Relationship Management＝顧客関係管理と直訳されたその手法は、自店の顧客が過去に何をどれだけ買ったか、その購買ランクや内容によって顧客を順位付け、顧客の購買レベルに応じた対応をすることで、より自店への貢献度やロイヤリティを高めていただこうという手法です。

「何が売れたか」ではなく、「誰が買ってくださったか」を起点に商売を組み立てるこのCRMという手法は、モノからコト、さらにヒトへと、商売の視点を移していくことでマーケティングを進化させました。そしてこの手法の背景には、1990年代以降に大きく飛躍した、デジタルベースでの情報システムの力が、大きく影響しています。

商売である以上、多くの固定客を安定的に持っていることが、大きなアドバンテージ（優位性）になります。CRMは、今では「ファンベース・マーケティング」という言い方も含め、企業や店を熱狂的に愛する顧客との関係を強めることで、その顧客たちの「熱量」がそれ以外の顧客へも伝わっていく、という新たな戦略につながっています。その背景には、人口減少社会で今後「新しい顧客」を増やすことは難しい、令和という時代の特性があります。

顧客を知り→顧客を決め→アプローチして→ファンにする――このプロセスは、デジタルベースでコロナを迎えた令和の時代、ますます重要となります。

チェック！ 令和の販売脳＝顧客脳になると、売れる

4 ③商品マーケティング

「何を」「どうやって」売るかという小売の原理を知ると売る方法が見えてくる

ここでは、モノとサービスを含めた「商品」という観点からマーケティングをとらえます。製造業（メーカー）では、「製品開発」という大きなテーマがありますが、小売業の場合は、メーカーが作った商品の中から「何を仕入れて、どうやって売るか」という問題です（商品の代わりに「製品」という言葉を使うこともあります。商品とは一般消費者向けのモノを指し、製品とは原材料や部品など、企業間取引で流通する商品のことを指します）。

マーケティングの4P

商品マーケティングは、一般論としては「マーケティングの4P」としてとらえます。4Pとは4つのPではじまる要素である、Product（商品の価値）、Price（価格戦略）、Place（販売のチャネル・場づくり）、Promotion（宣伝・広告）を意味します。

モノを売るには、

①買い手にとって**どんな「価値」**を

②**「いくらの値段で」**提供し、それを

③どんな**販売ルートや方法で流通させ**
④人々に**どうやって知らせて購買を喚起するか**

この4つの要素を組み合わせることが必要です。店舗ビジネスの場合でも、またデジタル技術が発達した今でも、基本的に変わりません。たとえば「ネットで買って自宅に届けてもらう」というモノの買い方は、③のPlaceの問題が複雑になったというだけのことです。

マーチャンダイジングということ

しかし、小売業をより実践的にとらえると、商品を中心とした「マーチャンダイジング」というとらえ方が必要です。マーチャンダイジングとは、いわば小売にとっての「マーケティング」を意味します。

製造業のマーケティングは、商品を企画・製造して市場に「投入」し、消費者に買ってもらうために、いかに最適な仕様の商品を作り、効果的な知らせ方や流通経路（チャネル）を形成するかが中心になります。ややもすると「川上から川下へ」向けて商品を一方的に流していく形で、自社製品を市場にどれだけ浸透させられるか、という「上から目線」のマーケティングになりがちです。

これに対して、自らモノを作らない小売業は、製造業や卸売業から商品を買って、これを店舗という限られた空間の中に並べる、そして買い手に対して告知（プロモーション）をして集客し、実際に接客を通じて「売って」いくのが生業です（もちろん最近では、ユニクロのように「モノを作りながら売る」小売業も増えていますが）。

一般に、マーチャンダイジングの「5つの適正」ということが言われます。

- **「適正な商品」を**
- **「適正な時期」に**
- **「適正な価格」で**
- **「適切な量」だけ**
- **「適切な所」で提供する**

これは小売業の商品政策の基本と言われていますが、そこでは、限られた店舗面積の中にどれだけ「売れる商品」を仕入れ、「顧客の興味」に則した「単位」で見せていくか、いわば商品を売るためにどんな商売の単位、分類単位を作っていくかが重要なテーマとなります。

こうした分類単位にもとづいて、年間やシーズン、月、週ごとに様々な商品が発注され、仕入・納品・在庫され、ショップに陳列されて売れていく。そして売れた商品は再発注されて納品されるか、定番商品を除いて次のサイクルの商品へと刻々と入れ替わっていく。

そのようにしてショップの商品は少しずつ入れ替わっていく……つまり、小売業にはメーカーとは異なる独自の「商品マーケティング」が機能しており、それはまるで商品を中心にぐるぐると回っていくサイクルのようなものです。

この流れを「マーチャンダイジング・サイクル」と呼びます。

マーチャンダイジングの実務のポイントは2つある

マーチャンダイジングの実務には、2つの大きなポイントがあります。

一つは、目標としてクリアしたい売上「金額」を、売るべき商品の「数量」に変換して、仕入活動をおこなうことです。

①「100万円」という売上目標に対して、何を何個売るか、という「数量計画」がなければ発注できず、商品が手配できません。そして、店内のどの場所に何をどれくらい陳列するかという「商品構成」も決まりません。

②もう一つは、季節や温度の変化、また人のライフイベントに合わせた様々なオケージョンをもとに、「今、何をどれだけ売るべきか」という時間軸の中に商売を落とし込むことです。気温が1℃違えば、服の売れ方も、コンビニのドリンクの売れ方も違ってきます。成人式や七五三の時期には、美容院や着物の着付けは大忙しです。商売にはそれぞ

れに、年・月・週・日といった単位ごとにピークがあります。そのピークに合わせて自分の店の商売をどのようにもっていくか、ピークの需要をきちんと自店の売上に転換していけるか、そのための計画をおこなっていくことも、マーチャンダイジングの重要な仕事です。

商品を中心に小売業の業務をマーチャンダイジングという視点からとらえ直すことで、今の商売を見直すことによって、これからの「売り」の知恵も出てくるのです。

チェック！ マーチャンダイジングが「商売の知恵」を生む

マーチャンダイジング

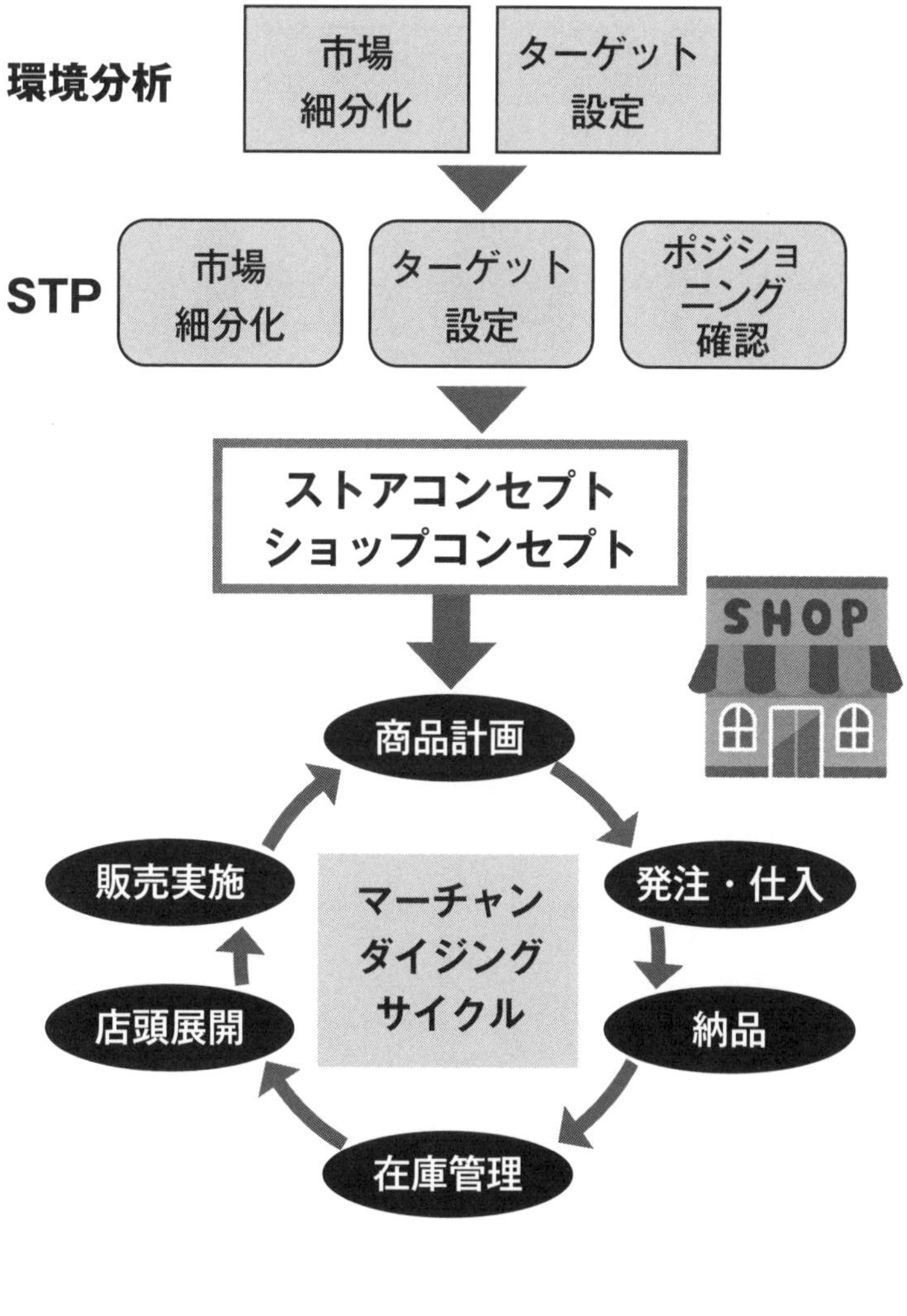
環境分析
市場
細分化
ターゲット
設定
STP
市場
細分化
ターゲット
設定
ポジショ
ニング
確認
ストアコンセプト
ショップコンセプト
SHOP
商品計画
発注・仕入
納品
在庫管理
店頭展開
販売実施
マーチャン
ダイジング
サイクル

金額で示される売上目標を、商品アイテムの数に変換すること（ファッションアパレルショップの場合）

売上目標　1000万円／月の計画

商品構成 アイテム構成 → **陳列・棚割りの構成** → **販売体制 販売要員**

◆売上目標金額の細分化

◆売上目標数量への転換
→展開面積、陳列パイプの長さ

◆担当スタッフの分担

Aグループ 300万円
- アイテムa　100万
- アイテムb　150万
- アイテムc　50万

Bグループ 300万円
- ……………………
- ……………………
- ……………………

Cグループ 400万円
- ……………………
- ……………………
- ……………………

新着・シーズン			Aさん
アイテム展開	雑貨		Bさん
	トップス	インナー アウター	Cさん
	ボトムス		Dさん
ブランド展開		雑貨 トップス ボトムス	Eさん

5 ④店舗マーケティング 「場所（ロケーション）」という視点から店舗を見てみると売れるヒントが見えてくる

小売ビジネスについて、「場所」という視点から総合的にとらえるマーケティングです。マーケティングの4Pの中ではPlaceの問題ですが、小売業は店舗という「場所」があってはじめて成り立つので、この部分は詳細に見ていく必要があります。店舗を取り巻く場所としては、次の4つのレベルでとらえます。

①まち、商圏、立地

店舗の成否は立地で決まる、と言われますが、何よりも自店が存在する「まち」がどんな特性を持っていて、顧客を呼べる範囲（商圏）はどのエリアなのかを明確にします。

「まち」には、単なる地名以上の「ブランド力」もあります。その「まち」の歴史や地勢、人口、年齢構成、産業、住民の特性は、店舗のあり方に深く関係します。

また、商圏は、店を中心に半径○m圏～○km圏といった単位で丸を書いて示しますが、山や川などの自然条件や、バスや車など交通の便を含めた社会的条件を地図上に落とすと、アメーバ状に広がる場合が通常です。

いずれにしても、その店のお客様に成り得る人々がどこにいるのか、地図上の範囲を明らかにします。商圏は、店の売上の上位50％を構成するエリアを1次商圏、次の30％を2次商圏、それ以上を3次商圏などと段階的に区別することで、自店にとっての大切な地域が見えてきます。

店舗には「立地条件」も重要です。駅のそば、商店街の中、住宅地、ロードサイド、郊外など自分の店が、どんな場所にあるのか、その場所の条件はどう変化しているのかを見ることで、店のあり方も売上の作り方も変わってきます。

・あなたの店はここ数年間で、立地条件が変わってきていませんか？
・商圏内に新たな競合店舗はできていませんか？
・駅前再開発で人通りの流れが変わってきたようなことはないですか？
・自店のファサード（外装）や看板、ショーウインドウの見え方（視認性）は大丈夫ですか？

売上が悪いと思ったら、まず店舗の外に出て、周囲の環境変化、さらには商圏内の状況変化はないか、調べてみましょう。

②建物（規模・形状・設備条件など）

店舗にとって、建物の規模や形状、また飲食・サービス業では厨房機器など、設備条件の重要性は極めて大きいものがあります。

筆者が過去に取り組んだ店づくりでも、店舗の字型（じがた）が悪かったり、店内動線の効率が悪いケースがありました。耐震補強や空調設備のためにショップの真ん中に壁があって回遊性が悪くなると、どんなに魅力的な商品でマーチャンダイジングを構成しても、売上がとれないということも多々ありました。

また、飲食店やサービス業では、厨房機器の電気容量、上下水道やガスといった基本的な設備与件によって、提供できるサービスが大きく変わります。

商品ストックや店内設備などを収めた「バックヤード」と、商品を並べて売っていく「店頭」とのラインをどうするかも重要です。商品ストックの商品と店頭の商品は近くにあれば望ましいものの、どれだけの頻度でストックから補充するかによっても変わります。靴ショップのように、接客のたびに「サイズをお出しします」と言ってバックヤードに走る必要があるのに、そのバックヤードが遠くにあっては、売上効率はガタ落ちです。

つまり商品ストックひとつとっても「場所」の問題が売上を大きく左右するのです。

店にとって、好ましい建物・設備条件は、いくら追求してもしきれないくらい大切です。

③店内構成（顧客動線、商品レイアウト、環境デザイン）

店舗の内部の構成の仕方は、まさに店舗の力を決める一大テーマです。

・店内をくまなく買い回れる「動線」をどう引くか
・デッドスペースはないか、店内各所の「場所の特性」に合わせた商品配置になっているか
・陳列商品の分類やレイアウトは、来店客の「購買時点の関心度」とマッチしているか
・店内のインテリアや環境デザインは商品とマッチした効果のあるものなのか

――チェックポイントは山ほどあります。

自店に限らず、店舗を見る時には、「なぜ今、ここに、この商品が、こういうくくりとまとまり方で、これだけの陳列量で展開されているのか」ということを常に意識しましょう。

店内レイアウトでは、スーパーマーケットやコンビニエンスストアが標準型です。たとえばスーパーマーケットは、買物しながら「今晩何を作ろうか」と考える主婦の思考と、店内のレイアウトとが巧みにリンクするような形で、野菜→魚→肉→惣菜を店内外周に、日配品（豆腐・納豆など）をその周辺に置きながら、店舗中央にはグローサリー・加工食品を配置しています。

またコンビニの店内客動線は、入口出口を原則1箇所とした「一筆書き動線」で、入口と反対の壁側にドリンク類や惣菜・米飯・パンを置いて客を店の奥まで引き込み、店内中央に加工食品を、入口付近には雑貨や雑誌を置いて、自然な買い回りを促す工夫がされています。

商売のチャンスを活かすも殺すも、店内の構成と商品の見せ方次第です。

④商品陳列と見せ方（什器。棚・パイプ・ケース）とVMD

店舗にとっての「場所」の最小単位が、商品を陳列する棚やパイプ、ケースなどの陳列什器とそこにある商品です。

どんなに立派な経営理念や営業計画があっても、最終的に什器の上に商品がどのように陳列＝表現されているかで、「売れるかどうか」が決まります。その意味で小売ビジネスの原点は「店頭の品ぞろえと見せ方」に集約されるでしょう。

衣・食・住その他様々な商品分野について、商品の種類や大きさ、在庫日数も様々な中、いかにその商品の特徴を最も良く見せる見せ方ができるのか、それは単なる演出だけの問題ではなく、買い手の関心度にどれだけヒットさせることができるのかがポイントです。

店頭商品の陳列については、VMD（ビジュアルマーチャンダイジング）という手法があります。ショップが打ち出したい商品を、VP（ビジュアルプレゼンテーション）、PP（ポイントオブプレゼンテーション）、IP（アイテムプレゼンテーション）という3つの段階で見せていきます。

それは商品をあたかも新聞の「大見出し→小見出し→記事そのもの」という形で、読者である来店客の視線を誘導していく手法ですが、その裏側では緻密な商品分類と在庫数量の管理が欠かせません。

店舗にとっては「場所」というものがマーケティングのきわめて重要な要素なのです。

チェック！ 「場所」という観点から、あなたのお店を見直すと、売れる

6 ⑤コミュニケーションマーケティング 4大メディアからSNSへ！ 店舗そのものが「メディア化」する時代

広告や宣伝も、「マーケティング」のイメージが最も強い分野です。広告代理店大手の「電通」や「博報堂」の名前を聞いて、マーケティングとは広告や宣伝のことだと思ってしまう人も多いことでしょう。実際はマーケティングのほんのに一部分にしかすぎませんが。

ここではコミュニケーションマーケティング、つまり企業や店舗が「買い手」との間で情報を伝達し合う「コミュニケーション」としてのマーケティングについて、3つのレベルで見ていきます。

①ブランドを通じたコミュニケーション

ブランドやブランディングをこの位置づけでとらえることには、違和感を感じる方もいるかもしれません。

ブランドとは企業や商品、店舗のアイデンティティであり、単なる宣伝や広告コピーのことではない、と。

実際、「ブランドマーケティング」といったタイトルの本を見ると、4章で述べてきた様々なマーケティングの内容をすべて「ブランディング」の傘の下に解説しているものもあります。そこではブランドとは、単なる広告コピーやイメージを越え、コンセプトや理念や、具体的な取り組みすべてについて含まれ、企業活動を通じて人々のアタマの中にどのような「イメージ」を持ってもらうか、その認知形態に関わるすべてを「ブランド」「ブランディング」と称していることもあります。

さらにはデジタルコンテンツが増える中で、デジタルメディアをも含めた中でいかに自社製品やEC店舗を認知させていくか、という「デジタルブランディング」というとらえ方も生じています。

確かにありとあらゆる情報があふれる現代にあっては、「自分（自社製品・自店）をどのようなものとして顧客に認知してもらうか」は大問題です。そもそもどうやって認知してもらうか、そしてどんなイメージで認知されているのかによって、売上は大きく変わってきます。

たとえばスターバックスであれば、店名やロゴマークはもちろん、店舗の立地や外装、内装インテリア、BGM、多くの種類があるドリンクメニューやカップのデザイン、さらにはそこで働くスタッフのビジュアルや立ち居振る舞い、店内にいるお客様のイメージ、そしてデジタル上SNS上のあらゆる表現まで、およそスターバックスをイメージできるものはすべて「ブランドの要素」となります。そうした顧客とのあらゆる「接点」＝コンタクトポイントをどのように形成して、その店のイメージを総合的に持ってもらえるようにするのかが、ブランド・マネジメントの要諦です。

あなたのお店は、お客様に「どのようなもの」として認知されていますか？　どのようなものと認知されたいですか？　そのためにどんなことに取り組んでいますか？

チェック！ 買い手に「どんなイメージを持って欲しいか」を考えると、売れる

②販売促進を通じたコミュニケーション

販売促進とはまさに「販売（セールス）」を「促進（プロモート）」するものとして、店舗や商品の存在を買い手に知らせ、買い手とのコミュニケーションをとっていく手法です。

４大媒体と呼ばれる「マス媒体」（テレビ・ラジオ・新聞・雑誌）から、チラシやＤＭ、各種の看板や店内情報、サンプル配布、イベントなど、伝え方も様々です。広告業界全体の傾向としては、マス媒体からデジタル（ＷＥＢ広告など）への大きなシフトが見られますが、そうかといってテレビＣＭが廃れることはなく、最近ではゲームやオンラインショップのＣＭを目にすることも多くなりました。

テレビ広告業界の大きな流れとして、インパクトのある広告媒体で全国民に一斉に知ら

せる、といった昔ながらの手法から、デジタルを含めた様々なメディアをミックスすることによって、売り手と買い手の双方向で、または買い手同士の評判を形成することで、情報を伝え合っていく傾向が見られます。

3章でも触れましたが（77頁参照）、スターバックスでは1996年の日本上陸以来、マス媒体による広告や販売促進はおこなったことがありません。それに変えて、当初の頃は様々な次元での「クチコミ」により、また最近ではSNSを含めたデジタルツールによって、顧客の側が勝手に新しい商品をインスタにアップして拡散し、スターバックスの情報が広がっていきます。いわばスターバックスの「ファン」たちが、知らず知らずのうちに無償でスターバックスの販促活動をおこなっていることになるのです。そしてそこには、スターバックスとしてのきめ細かいフォローがあります。

店舗の販促活動は、「媒体」中心から「売り手と買い手の間」また「買い手同士」のコミュニケーション活動へと、ますますシフトしています。「誰に」「何を」知らせれば買ってくれるか、といった従来発想からの転換が必要です。

チェック！ 「伝えたいことは何か」「知らせたいことは何か」を考え直すと、売れる

③接客・販売を通じたコミュニケーション

コミュニケーションマーケティングの究極は、営業活動や接客を通じた一対一の営業・販売活動です。本書冒頭で、70歳の男性の「デジタル買物生活」の中では、「接客されてる感じがしない」ということを挙げましたが、そもそも接客というものはどういうものなのでしょう？

もとより企業対企業のビジネス（B to B）の世界では、あらかじめクライアントとなる企業の概要やニーズを聞き出した上で、自社製品の特徴を提案（プレゼン）して「商談」を重ね、「契約」に至ります。そこではある程度の時間と情報交換の中で、深いコミュニケーションが繰り広げられます。

他方で、店舗での接客は、商品分野によって違いはあります（たとえばスーパーが魚を売るのか、ディーラーが車を売るのか）が、おおむね売り手と買い手の「突然」の出会いと、短時間での接客トークが勝負です。接客に関するコツやノウハウを紹介した本やセミナーは数多く、マニュアル化やメソッド化も必要ですが、最終的には非常に個人のスキルに依存した世界です。

あるアパレルファッションのお店で、お客様が服の試着を終えてフィッティングルームを出ようとしたら、「こちらの靴はいかがでしょうか」と、新しい靴が置かれていて、それはまさにそのお客様が欲しいと思っていたもので、サイズもぴったりで思わず一緒に買ってしまった、という話があります。この場合、実はそのお客様が試着前にその靴をじっと見つめていたのを販売員が覚えておいて、試着室に入る時に脱いだ靴のサイズを見て、ぴったりのものを販売員が用意したものでした。

こうした話は接客販売の場面では数限りなくありますが、いかに来店客の情報やニーズを瞬時に判断するか、そして買い手にとって本当に「よい買い物」になるようなストーリーを組み立てられるかが勝負です。

次章で述べるデジタル化の進展から、リアルな接客場面は変化のただ中にありますが、それでも人と人の直接のコミュニケーションに勝るものはありません。リアルの接客が煩わしいからと、これを避けるお客様も増えてきてはいますが、それでもお客様が「買おうかどうしようか」迷っている時の最後の一押しは「人と人の直接的なコミュニケーション」なのです。

チェック! 何が「買い」の決め手になるのかを考え続けると、売れる

7 ⑥ソーシャルマーケティング 企業や店舗の姿勢、ブランドの思想がダイレクトに問われるようになった

「木を植えています」

――イオングループは、自社のショッピングモール（イオンモール）を開発してオープンするたびに、モールの敷地内に、地域住民・子供たちとともに木を植えます。

それは単なる環境への配慮を意識した活動に止まらず、地域とともに育ち、地域に根付いていくショッピングモールを象徴するとともに、その活動に参加した子供たちが地域で成長する中で、記憶の根っこに埋め込まれます。「あそこの木は自分が植えたんだ……」と。

もとよりイオングループの社会活動は幅広く、植樹活動はその一部にすぎません。

１９６５年に岡崎にオカダヤ（イオンの前身）がオープンする際に、１０００本の桜を岡崎市に寄贈したことにはじまり、中国で万里の長城に植樹し続けて、10年間で１００万本にまでなったと言います。また環境配慮商品や水の問題、慈善活動や寄付など、早い段階から「企業の社会的責任」に対する取り組みをおこなってきました。

ＳＤＧｓやＥＳＧ投資を背景に、ソーシャルマーケティングが改めて大きなテーマと

なってきました。マーケティングとは「売れる仕組みづくり」だ、という言い方がありますが、では「売る前」はどうやってモノが作られているのか、「売った後」はどうなるのか……といった様々な問題が、地球環境保護や社会的な公正さといった現代の様々な課題とあいまって、「待ったなし」の状況になったのです。消費者にとっては、その企業が「よいものを安く作って売る」会社であるのは当然のこと、その過程でどれだけ社会的にマイナス要素を発生させず、むしろ社会課題と正面から向き合っているのか、といったことが、売れる・売れないを左右する大きな論点となってきたのです。

ファッションの分野では、「ラナプラザの悲劇」という事故がありました。2013年、バングラディシュの商業ビル「ラナプラザ」が崩壊し、多数の死傷者が出ました。そのビルの中には世界的なファストファッションの縫製工場もあり、その中で、安い賃金で劣悪な条件で働いていた女性たちが犠牲になったのです。建物崩壊というずさんな安全管理と低賃金労働によって、新しい服を次々と買い続けられる「ファストファッション」が可能になっているという構図は、多くの非難を呼びました。また、2018年には、バーバリーがブランドイメージの維持のために売れ残り商品を大量（42億円分）に廃棄したことで、不買運動が起きました。ジーンズをはじめとするファッション商品の生産には、綿花の栽培からはじまり大量の水を要することや、流行に合わせて次々と生産される日本のアパレル商品の半分は売れ残り、大量廃棄されていることなど、ファッションをめぐる「社会的な存在意義」が大きく問われる状況にあります。

ソーシャルマーケティングについては、既に1969年にP・コトラー氏が提唱しました。そこでは、病院や学校など非営利組織の活動にもマーケティングを適用したり、禁煙やトランス脂肪酸、被災地支援などの社会課題についてもマーケティングの手法をもって取り組んでいくなど、マーケティングの概念を拡張しています。

さらに2009年の定義によれば、

「ソーシャル・マーケティングは、ターゲットと同様に社会（公衆衛生、安全、環境、そしてコミュニティ）に便益をもたらすターゲットの行動に対して影響を与えるために、価値を創造し、伝達し、提供させるというマーケティングの原理および手法を適用するプロセスである」（フィリップ・コトラー著『ソーシャルマーケティング』より）

として、マーケティングの役割を社会的な価値へとシフトさせています。

日本には昔から「三方良し」という思想がありました。これは近江商人の商売倫理である「買い手よし」「売り手よし」「世間よし」を指しており、商売というものは単に売り手と買い手がハッピーなだけではなく、世間＝社会が満足できる、社会に貢献できるものでなければならないとするものです。そこで言われる「世間」を今の言葉に置き換えれば、自然環境から社会環境、労働条件、途上国問題、ジェンダー……といった、ＳＤＧｓの17項目を含む、きわめて幅広い内容としてとらえることができます。

国連が２０１５年にＳＤＧｓを採択し、その内容が小中学校の教育課程にも取り入れられた今日、企業や商品、店舗を見る顧客の目線はますますシフトしていきます。ＳＮＳの発達がこれに拍車をかけます。〝炎上〟を恐れて過剰反応をすることはＮＧですが、少なくとも自社・自店が社会のため、地域のためにどんな存在で、どんな役割を果たしているのか、果たすべきなのかを自問し、意識することは、令和の「売り」の絶対条件になっています。

それは単に「寄付」や「やらされ感」ではなく、自社や自店の商売そのものの意義を見つめ直すことからはじまります。

チェック！ 社会や地域の中での自分の店の役割を考え続けると、売れる

店舗ビジネスを再構築する視点

8 売れない時、売り上げが悪い時の「視点」の持ち方

以上、6つの観点から「マーケティング」というものをとらえてきました。重要なのは、たとえば「売れない」時や、「売上が悪い」時、これらの観点を使って自分の商売、ビジネスを見直してほしい、ということです。

商売上、売れない時の理由には事欠きません。

「商品が悪い」「人（お客様）が来ない」からはじまって、「競合が強い」「場所（立地）が悪い」「天気が悪い」「景気が悪い」等々。

それは売れないという現実を何とか納得したい、商売人の自己防衛から出てくる言葉かもしれません。そうした様々な理由を、本章で挙げた6つの観点からまんべんなく見直してほしいのです。

①戦略的マーケティング

↓そもそも自店には、誰に対して、何を提供して、どうやって集客して、何を売って、どう稼ごう、というストーリーはあったのか？

②顧客マーケティング

↓誰の、どんなニーズに対して、何を満足させようと思っているのか？

↓自店の売上は、どこに住む、何人のお客様で構成されているのか？

↓お客様たちは自店に対してどう思っていて、実際はどのように動いているのか？

③商品マーケティング

↓自店の商品の流れ（＝マーチャンダイジング・サイクル）はどうなっているのか？

↓季節やライフイベントを最大限取り込む形で、商売が組み立てられているか？

↓顧客が求めるニーズに応じた、商品のくくり方や見せ方（＝クロスマーチャンダイジング）がおこなわれているか？

※たとえば、そうめんとつゆ、焼肉とたれ、イチゴと加糖練乳など、異なるカテゴリー（品種）の商品を一か所にまとめて陳列することで、関連商品を含めて販売を促進する手法を、クロスマーチャンダイジングと言います。

④店舗マーケティング

↓自店の商圏や競合はどうなっているのか？　店舗周辺の環境はどう変化しているのか？

↓店内の商品陳列のくくりや大きさ、店内動線の歩きやすさや見え方はどうか？

⑤プロモーションマーケティング

↓顧客は自店をどうイメージしているか？　そのイメージは想定通りか？

↓顧客への「知らせ方」は適切か？　かけているコストと、集客・売上の関係は？

⑦ソーシャルマーケティング

↓自店がなくなったら、地域社会や地域住民が「困る」といったことがあるか？

↓自店の地域における役割意義とは何か？

マーケティングはどちらかというと製造業のために発達したものですが、これを小売業＝リテールの立場からとらえ直すことによって、商売の知恵が出てきます。

それは、どちらかというと「何が売れた、何が売れない」という形で「モノ」を中心にとらえがちな小売業を、誰が、どの客層が、どのセグメントが、来た・買った／来ない・買わない……という形で「ヒト」を中心にとらえる業態へと転換することです。

この転換がどこまでできるかどうかによって、次章のテーマ……**デジタル時代の小売業**へと生まれ変わることができるかどうかが決まるのです。

チェック！

「モノ（商品）」から「ヒト（顧客）」へと発想転換できると、売れる

第5章

これからの販売員はデジタルを味方につけると、売れる！

1 接客がデジタルに変わると販売員の仕事はどうなるか

「オンライン接客、7万人で腕比べ　スタッフ動画に消費者が投票」
「化粧品選び　実店舗のように　オンラインで接客・商品提案」
（日経MJ、2021年5月31日参照）

流通・小売サービスを取り巻く最近の情報からは、デジタル技術が、リアル店舗の接客や仕事をどんどん変化させていく様子が見えてきます。この新聞の見出しは、オンラインを用いてリアルでの対面接客と同等の、時にはそれ以上の効果を生むことができつつある今の「小売の現場」をよく表しています。

コロナ禍で店舗をクローズせざるを得ない中、また顧客の側もできれば外出したくない心理が働く中で、オンラインによる販売は一気に増えています。

オンライン接客だと直接会えない、見えない、触れられない、という決定的な弱点はある一方で、たとえば化粧品の接客では、あらかじめ気になる化粧品や自分の肌質、肌の悩みなどの情報を書き込んでいただき、接客しながらスタッフが店内を動いて、さながら店頭で接客されているのと同じ状況を作れると言います。

小売店舗の限界である「時間と空間の制約」を越え、いつでもどこでも接客してもらえるオンライン接客は、小売業にとって新たな世界を切り開くものでしょう。

一方で、販売の現場からはこんな声も聞こえてきます。

「そんな、いきなりデジタル強化、って言われたって、私たちこれまで店頭接客でプロになってきたんだから、すぐには無理ですよ。インスタに上げるには写真の取り方が大事、って……、私たちカメラマンじゃないんだから……」

「オンライン接客はいいけれど、お客様の要望を聞いて『少々お待ちください』といってショップ内で商品を探し、それを写メしてパソコンに転送して、それから画面の向こうのお客様に見ていただいて……ってそれだけでものすごく手間と時間が掛かります。システムがタテワリで全然つながってなくて……」

デジタル化が進む中、リアルの店舗を持つ企業の多くは「デジタル化」を志向しています。接客のプロとして長年実績を上げてきたベテラン販売員にとって、デジタル化に対応するのは並大抵のことではないのですが、コトはそんな単純な話ではありません。

この声からは、オンライン接客のために作られたソフトが、現場の接客業務のプロセスを十分に反映していない状況がうかがえます。O2O（Online to Offline：デジタルから実店舗への誘導）、OMO（Online Merges with Offline：オンラインとオフラインの融合）が叫ばれる一方で、販売現場の業務実態を、きちんと踏まえた形でのシステム構築は、まだ緒に就いたばかりです。

お店の仕事と言えば、これまでは接客、レジ、商品発注、倉庫整理、店頭陳列、キャンペーン売出の企画や実行、売上管理などが中心でした。

それが最近では、ネットスーパーの注文にもとづく商品ピッキングや、自店の商品を撮影してSNSにアップしたり、動画販売のための説明、LINEや画像を通じたオンラインでの接客等々、「販売の仕事」が大きく変化してきました。

販売員は時に「商品倉庫のワーカー」や「カメラマン」「アナウンサー」「コールセンターのオペレーター」など、これまでやったことのない仕事をやらなければならなくなったのです。それは「販売」という仕事の可能性を広げるとともに、新たな時代の「販売員」「セールススタッフ」とは何なのか、仕事を再構築していく必要性を意味します。

デジタルをどう理解し、どう味方につけるかは、小売・サービス業の未来を決める問題なのです。

チェック！ **デジタルを味方にできると、売れる**

2 そもそも、デジタルとは何か

今では毎日のように、耳にするようになった「デジタル」という言葉ですが、その意味を明確に把握することが大切です。

デジタルとは「離散量」、つまり〝とびとびの値〟しかない量を指し、アナログとは「連続量」、つまり〝区切りなく続く値〟を持つ量のことを指します。

スマホやタブレットの動画は動いているように見えても、実は限りなく細かい静止画の連続です。その細かさが人間の目に認識できないために、連続して動くように見えるのです。そしてデジタル化された情報は、映像も音楽も文字も数字も、細かい単位で記録された「データ量」としてとらえられるために、保存も加工も送信も、そしてなにより検索もたやすくできる……ここに「デジタル」の利点があります。

「カセットテープ」の音楽と、ＣＤやスマホなどのデジタル音声化された音楽を比べてみましょう。カセットテープに録音された中の一番聞きたい曲を聞くためには、テープを早回ししてその曲の場所までテープをもっていかなければなりません（この話がわかるのは、現在の50歳以上の方でしょうか）。

しかし、デジタル化された音声では、曲の頭出しはもちろんのこと、曲の途中の〝何分何秒の箇所〟から再生することも簡単です。情報が「デジタル量」として記録されることで「検索」がたやすくなる、それは音声データに限らず、文字でも数字でも映像でも同様です。

デジタルとして人間の行動がとらえられると、体温・血圧・心拍数といったデータも細かい時間単位で保存と分析ができます。日々刻々の人間行動はスマホの位置情報ですべて記録されるだけでなく、インターネット上での検索や閲覧も「行動」としてデジタル的にとらえられ、記録される。つまりデジタル化とは、人間の行動というものがすべて記録、分析、蓄積、加工、伝送されることによって、制約を取っ払った点に意義があるのです。

そこでの制約とは大きく次の2つに分けられます。

①時間的制約

②空間的制約

デジタル化された情報はアーカイブ化されて半永久的に残ります。インターネット上に掲載された自分の過去のネガティブ情報がいつまでたっても消されないために、人間には「忘れられる権利もある！」といった主張がされるのも、①の時間的制約がないことによります。

また、デジタル化されれば、紙とはちがって大量のデータ保管が可能となり、保管庫のキャパシティといった②空間の制約もなくなります。ホームページやSNS上に大量の画像や文字情報が残るのも、情報がデジタル化されているからです。

ビジネスの場面では、これらの情報はAIによって分析されて傾向がとらえられ、将来予測されることで、人々の次のアクションを喚起させる原動力になります。アマゾンで本を買っていると、過去に検索・購買された本の傾向から類書がレコメンドされる、カーナビに従って走っていると、そこまでの平均時速や周囲の交通状況をもとに到着時刻を予測してくれる……みんな、人間の行動が記録され、傾向分析されることで未来予測をしてくれる点が共通しています。

かつては会社組織で上位にある人は、その人しか知らない情報を持っていたことで「威厳」と「権限」を持って部下を従わせることができました。

しかし、デジタル化によって、社内外の様々な情報に新入社員でも誰でもアクセスできるようになると、組織を成り立たせる原理も変わってきます。

上司が「俺についてこい！」といっても、「あなたについていって大丈夫ですか？　こんな情報があるのですが……」ということを部下から即座に示される時代なのです。当然、リーダーシップやチームワーク、組織の形も変わってきます。こうしたことが起こるのも、デジタル情報が組織や業界、行政、民間、そして国家という単位を越えて、あまねく普及したことによります。

デジタル化が流通・小売サービスの世界に与える影響は様々ですが、顧客の行動、販売員の仕事の状況、売上動向や商品の動きなど、過去の出来事がすべて可視化され、記録され、分析できる状況にあることを意味します。それは裏返せば、「情報利活用」次第ではいかようにも商売が広がる可能性が生まれてきたのです。

以下、本章では前章で取り上げきれなかった新たなマーケティングの世界である、「デジタルマーケティング」の観点から、令和の「売る」を考えます。

チェック! デジタルを「記録・分析・将来予測にもとづくアクション」ととらえると、売れる

3 デジタル用語アレルギーを克服しよう！

デジタルマーケティングの世界に一歩入り込むと、膨大な専門（？）用語に出会います。業界や分野、また仕事上の立場にもよると思いますが、筆者の場合、それはまるで「デジタルマーケティングの洗礼」のように感じました。

アドミニストレーター、RFP、SEO、LPO、CVR、CTR、KPI、UI・UX、PV・セッション、プラットホーム、ペルソナ、カスタマージャーニー、マーケティングファネル、そしてDX（デジタルトランスフォーメーション）……等々。それらは、企業経営やマーケティングについてある程度の知見がある人にとっても、また「これからはデジタルだ！」と世の中でいくら騒がれても、はじめて目にする人によっては「できれば避けて通りたい」と感じる要因になっています（DXなど、ビジネスの世界で耳にしない日はない言葉ですが、「デジタルはDだけど、トランスフォーメーションがどうしてXなんだろう……」などと悩んでしまうこともあります……）。

しかし、これからの小売業はデジタルを避けて通ることはできません。また、改めて良く見てみると、別に難しいことでもない用語も数多くあります。コンピュータや情報システムがベースになっているために、普通の言葉も特有の言い方になっているだけなのです。たとえば「**アドミニストレーター**」とは「コンピュータやネットワークの保守管理をする人」のことで、いわば組織上の「管理者」のことです。

また**RFP**とはRequest For Proposalの略で、企業が他社に何かを発注する時に「こういう条件で提案してくれ」と依頼する文書（提案依頼書）のことを指します。いわば「仕様書」のようなものでビジネスの世界では昔から存在しますが、これを情報システムの世界では長らくRFPと呼んでいます。このように、普通のビジネス用語がデジタルの世界では、特有の「方言」として使われているだけのものが数多く存在します。

インターネットやホームページに関する用語には、独特なものがいくつかあります。**SEO**（Search Engine Optimization）とは「検索エンジン最適化」と訳されますが、グーグルやヤフーで検索した時、自社・自店のコンテンツをいかに検索順位の上位に位置づけるか、そのための対策です。検索エンジンは、クローラーと呼ばれるシステム上の「ロボット」が全世界すべてのサイトをクローリング（巡回）し、アルゴリズムによって検索結果の表示順位を決めています。順位を決める基準は非公開ですが、サイトの更新頻度や、他のサイトにリンクされていること（被リンク）などが重要と言われています。いわば、検索エンジンにとって「好まれる条件」をコンテンツの中に埋め込むことが、検索表示の順位を上げ、サイトへの訪問者を増やすことになるのです。

また**CVR**（conversion rate）＝コンバージョン率とは、オンラインショップを訪れた人全体に対して、何人の人が会員登録や資料請求、また購買といった成果につながるアクションを起こしたか、という割合を意味します。

店舗で言えば、店舗への入店客に対して実際に購買した人が何％にあたるか、それがコンバージョン率なのですが、別に買わなくても、ポイントカードを作ったとか、名簿に名前を残した、サンプル品を受け取ったなど、なんらかの「爪痕」を残したことを「成果」とみることもできます。

それは**KPI**（Key Performance Indicator）：重要業績評価指標、という言葉につながります。これまでの小売業では、とにかく「売上を上げろ！」「売上がすべてを癒す」と言われがちでしたが（そしてそれは正しい面が多いのですが）、たとえば新規顧客を何人獲得したか、既存顧客の購買単価をどれだけアップさせられたか……といった様々なことを「成果指標」（Key Performance）とみて、それを評価指標に設定していく、そうしたことも可能になります。
デジタルマーケティングは、これまで普通におこなってきた商売、ビジネスを、より細かい単位に分けて、ミクロ的に評価・判断していくことができる、そのための様々な技法を提供してくれるのです。

チェック! デジタル用語アレルギーをなくすと、売れる

4 ＥＣページを解剖すると見えてくる、オンラインショップの構造

世はまさにオンラインショップ時代。

アマゾン、楽天、ＺＯＺＯＴＯＷＮからネットスーパー、ウーバーイーツや出前館などの飲食業まで、以前には考えられなかったほど利用者が増えています。それは多分にコロナ禍も追い風になっていますが、これだけ多様な分野でオンラインショップが普及したことは、デジタルの力が背景にあります。

他方で、香取慎吾さんのテレビＣＭで有名になったＢＡＳＥや、ＳＴＯＲＥＳ、Ｓｈｏｐｉｆｙといったネットショップを作れるソフトを使って、個人ベースでインターネット上に「お店を持つ」ことも簡単にできる時代になりました。

考え方によってはメルカリも、ネットを通じてモノを売ることでは同じ……となると、一般の人たちがネットで売り買いすることに、何の抵抗も感じなくなってきた時代なのです。前項で挙げた煩雑でわかりにくい「デジタル用語」とは裏腹に、ユーザーにとって作りやすく、使いやすいオンラインショップのしくみがたくさん生まれました。

ただ、オンラインショップには、実店舗とは異なる特有の性質があります。実店舗をやっ

てきた人にはなかなかわかりにくいものがあります。オンラインショップを直感的に理解するには、その画面遷移（＝ホームページなど、クリックすると画面が変わっていくこと）の構造を紐解くことが有効です。

オンラインショップの全体構造

オンラインショップには、

「トップページ」

「商品カテゴリーページ」

「商品詳細ページ」

「カートページ」

があります。

トップページではそのブランドや商品群全体のコンセプトやイメージ、直近のキャンペーンや特集のほか、スタッフの思い、ランキング、シーン、そして商品カテゴリーごとの新着情報など、知らせたいことを掲載します。

トップページはそのオンラインショップの「顔」とも言えるもので、動画や音声などを使ってイメージ豊かに表現したり、反対に多くの情報を載せすぎてスルーされたりしますが、いずれにしても適度な量の情報を見やすく、下のほうまでスクロールしてくれるための工夫をおこないます。

しかし、利用者は必ずしもこれを全部見ることなく、トップページ内の「サイト内検索窓」を使って探したい所品を検索し、「商品カテゴリーページ」や「商品詳細ページ」に飛んでいきます。それ以前に、グーグルでアイテム検索をおこなうと、トップページを経由しないでいきなり「商品カテゴリーページ」に飛んでいく場合がほとんどなのです。

たとえば今、グーグルで「Tシャツ」と検索すると、ZOZOTOWNの中の「Tシャツ」の商品カテゴリーページが、検索順位の1位で上がってきます（さすがZOZOTOWN。SEO対策もバッチリです！）……ということは、トップページは確かにショップの顔ではあるものの、オンラインショップでは、個々の商品カテゴリー以下のページがどれだけ充実しているか、ということが勝敗を分けるのです。

トップページがいかにイメージ豊かに表現されていても、個々の商品を掲載したページがきちんとしていなければ、そもそも買物をする気にすらならない、ユーザーの目にさえ触れない、という厳しい世界なのです（あるオンラインショップでは、そのサイトにやってくる利用者の半分は、トップページではなく、いきなり商品カテゴリーページにやってくる、という例もあるぐらいです）。

これを実店舗にあてはめると、店舗の入口から入店して店内を回遊し、多層階の場合はほかのフロアも見ながら目的のショップや商品にたどり着く。そして接客されたり、セルフサービスで商品を選ぶ……という普通の買物行動はオンラインショップでは前提にできず、むしろショップからショップ、商品から商品へと様々な店を渡り歩きながら、最終的に買おうかどうかを決めていく、そんな行動になります（最近ではそうならないように、自社サイト内に長くとどまってもらうための工夫がいろいろ開発されていますが……）。

オンラインショップでのモノの買い方は、デジタルマーケティングの特徴を表しています。それは、「マーケティング・ファネル」の話です。

ファネルとは漏斗（ろうと・じょうご）のことで、たとえば一升瓶から小さい瓶へとお酒などを移し替える時に使う、円錐状の管を指します。オンラインショップでは、トップページや商品ページに「来訪」した顧客が、いろいろ検討しながら最終的に買うことを決めて商品を「カート」に入れ、「レジに進む」で決済のページへと進んでいきますが、この様子はまるで、漏斗で集めたお酒がだんだん細くなっていく形に似ていることから、「マーケティング・ファネル」と呼ばれるのです。

重要なのは、様々な段階(トップページ↓商品カテゴリーページ↓商品詳細ページ↓カートページ）ごとにいなくなっていく利用者（離脱者）の人数もわかるし、どの段階が離脱者が多いか（離脱率）もわかるということなのです。その結果、そのオンラインショップの作りや内容のどこに問題があったのか、検証や実験ができることが大きなメリットです。

実店舗では、店前通行者数↓入店者数↓ショップへの立ち寄り客数↓棚前客数↓購買客数……と並べた時、明確にわかるのは購買客数だけです。それ以前は、計測のために手間やコストを掛けなければわかりません。大型商業施設では、出入り口で、赤外線によって入店客数を計測していますが「売上が悪い」「客数が少ない」と言った場合も、どの段階で客数が減ったのかわからないのです。それが、オンラインショップの場合は即座にわかる。わかれば手を打てる。これがまさに「デジタルの力」なのです。

チェック！ 自分の店を、オンラインショップと思ってとらえな直すと、売れる

5 「ビジネスモデル」と「プラットフォーム」

「ビジネスモデル」や「プラットフォーム」といった言葉を耳にしたのは、筆者の場合は2000年頃のことでした。どちらも1990年代の中ごろから、コンピュータシステムの発展にともなって生まれた言葉です。

ビジネスモデルとは「顧客が企業から提供される製品やサービスと引き換えに代金を支払い、企業は利潤を得るという一連の構造」と言われますが、特にインターネットを介したビジネスの広がりによって、製品やサービスの選択と購買（調達）、決済、配送（物流）までの一連の商行為を整理し、システム化されたものをビジネスモデルと呼んでいます。（ウィキペディアより）

要するに「商売のやり方と稼ぎ方」の話なのですが、もっと大きくとらえると、

①「誰に」「何を」「どのように」提供するかという戦略モデル
②戦略モデルの実現のための業務プロセスの構造モデル
③どうやって収益を獲得するかという収益モデル

この3つを中心に、市場や競合、商品供給、課金方法などを含めて「儲かるビジネス」としてモデル化したものが、「ビジネスモデル」と呼ばれています（『ビジネスモデル』根来龍之他著／SBクリエイティブ刊参照）。

たとえば三越、高島屋、伊勢丹などの「百貨店」と、パルコ・ルミネ・ららぽーと・イオンなどの「ショッピングセンター」とは、どちらもともに「大型商業施設」ですが、その成立構造＝ビジネスモデルが違います。

「百貨店」は、都市の中心部に大型の店舗を構えて、あらゆる分野の商品を一堂に集め、都市に集まる人々を大量に集客し、売上を上げます。また、どんなに大きくても「一個の小売店舗」であり、商品をメーカーや卸売業社から「仕入れ」て、店頭に「並べて」「販売」することで収益を上げていきます。

他方で「ショッピングセンター」は、都市だけでなく郊外の幹線道路沿いも含めた立地に、様々な分野の店舗（テナント）を集めた商業集積です。それはあくまでも商業不動産という「賃貸借」事業であり、テナントから賃料をもらうことで収益を上げます。

この話は、百貨店の商品仕入の手法のひとつに「売上仕入」という、売れるまでは百貨店の在庫にならない特殊な形態があったり、またショッピングセンターにも「売上歩合家賃」という、売上高に応じて家賃金額が変わっていく仕組みがあったりしてとても複雑なのですが、売上で稼ぐ百貨店と家賃で稼ぐショッピングセンターは、「ビジネスモデル」＝稼ぎ方が違うということになります。一見同じように見える百貨店とショッピングセンターですが、前記の３つのモデルで言えば、②のオペレーションや③の収益モデルが大きくちがうのです。

ビジネスモデルと並んで、デジタルマーケティングを理解するために必要な用語として「プラットフォーム」があります。

これも元来はＩＴ用語から発した言葉で、コンピュータソフトウェアが動くための「土台」（ＯＳ）を指していますが、これがビジネスの手法に転化されて「プラットフォームビジネス」といった言い方をします。

たとえば東京駅の数多くのプラットフォームには、日本国内の様々な方面から電車や列車が到着し、また発車していきます。列車には日本中から多くの人が乗り降りし、巨大ターミナルの中を行き交っています。ここで「列車」を「情報」に置き換えれば、プラットフォームとは様々な情報が発着するための交差点であり、情報は人が発信しているとすればまさに、人と人との出会いの場なのです。そこでプラットフォームビジネスというものが成立します。

たとえば「楽天」は日本でのオンラインモールの草分けですが、それはリアル世界のショッピングモールのようでありながら、あくまでも商品を「売りたい人」と「買いたい人」をつなげる場＝プラットフォームを提供しています。そしてプラットフォームに集まった人々に対して、モノだけでなく旅行やエンタメ、広告、金融など様々なビジネスを通じて、人と人を結びつける「場」へと進化しています。

また「ＬＩＮＥ」は人と人のコミュニケーションツールとしてスタートしながら、利用者が拡大するにつれて「広告」「決済」「無料電話」「アンケート」など、様々なビジネスがその上に乗っかる、「場」を提供しています。そして、このような「場」は業種や業界を超えて、人と人を結びつけることによって生まれる「経済圏」とも言えるものを形成するのです（たとえば、楽天経済圏、ＬＩＮＥ経済圏など……）。

リアル店舗での商売をやっていてなかなか理解できないのが、この「場」という感覚です。ビジネス、特に店舗での商売は、商品を仕入れて、店に並べて売り、その場でお客様から代金を頂いて、商品を渡す……この一連のプロセスすべてが「店舗」という物理的空間の中に詰め込まれ、〝土着〟しています。

店舗ビジネスに限らずインターネットが発達する前は、ほとんどのビジネスが、「時間と空間」の中で目に見える形で商売がおこなわれ、プラットフォームという「場」を意識することはありませんでした。

インターネットが発達すると、「リアルな空間」という制約は取り払われます。そして、ビジネスは「場」としてのプラットフォームと、「提供内容」としてのコンテンツに分かれていきます。楽天やＬＩＮＥのように、人と人をつなぐ便利なツールができると、それを使う膨大な人々が集まってきて、プラットフォームを形成します。それはあたかも、デジタル空間上に巨大な「東京駅」が常時存在して、そこで様々なやり取りがされ、人と人がマッチングされる、また提供されるコンテンツも、商品やサービスの分野を越えてどんどん広がっていく、そして、その「場」に参加した人みんなに利益と満足を提供することでさらに参加者が増え、経済圏が拡大していきます。

結果として、人が集まって、行き交う「場」を提供することそのものが、インターネットビジネスを制するということになります。もはや店舗施設という「土台」と、そこでの人々の交わりは分離・独立し、別々のビジネスになっていく、これがプラットフォームビジネスなのです。

この流れは、改めて自分のビジネスとは何か、自分の店は誰に対して、何を、どのように提供することで満足を得て、どういう仕組みで利益を上げていくのか、ということを問いかけてきます。もとより店舗ビジネスは、商圏や立地、ターゲット設定、商品構成、仕入先ネットワーク、店づくり……といった様々なファクターが混然一体となっています。それを、プラットフォーム（場）というコンテンツ（内容）に分けて、ビジネスとしてとらえ直すことが求められているのです。デジタル化はまさに、自分の商売を再構築するためのステップと言えます。

チェック！ 自分の商売を「ビジネスモデル」としてとらえ直すと、売れる

6 CRM（カスタマー・リレーションシップ・マネジメント）

デジタルマーケティングとは、人間の行動が記録され、傾向が分析され、それにもとづいて将来の行動を促していく仕組みです。それは大きくビジネスモデルを変えていくきっかけとなります。以下、デジタル技術によって小売業にとって何が可能になったのか、これまでの仕組みがどう変わってきたのかを、いくつかの例とともにご紹介します。まず最初はCRMです。

前の章でも取り上げたCRM（Customer Relationship Management）ですが、利用者・顧客の行動や購買実績を記録・分析し、それにもとづいて顧客一人ひとりの特性に応じて次のアクションを促す、という意味でのCRMは、デジタル技術の進化とともに本領を発揮します。それは、これまでの「商品起点」「売り手起点」の思い込みマーケティングを、「顧客起点」「行動起点」へと大きくシフトチェンジさせる契機となりました。

とは言いつつ、小売業での「モノ起点」の発想は根強く（誰が買ったか、よりも何が売れるか、のほうが関心が高い！）、CRMの取り組みで成功したという実感を持てる企業や店舗はあまりないのが実情です。

ＣＲＭは、業種業態やその店・企業の風土体質を前提に、店ごとに意味のある取り組みをおこなう必要があり、やみくもに顧客情報をたくさん持つだけでは宝の持ち腐れになります。ＣＲＭには大きく以下のような取り組みがあります。

①個人一人ひとりのプロフィールや購買情報をとらえた関係づくり

ある老舗百貨店の外商（外売り）販売スタッフは、長いお付き合いのあるお客様がお亡くなりになると、その方のご自宅での「形見分け」に呼ばれて、亡くなられた方がその百貨店で買われた品物についてすべて覚えていて「これはいついつお買い求めになられました」と、ご遺族の前で説明すると言います。それは、長期間に渡るお客様と販売員の絆があってはじめて成り立つもので、販売員によっても名誉なことです。

1年間に数百万円もの買物をする「超お得意様顧客」であればそれも可能ですが、そこまで買わない顧客であっても、店のメンバーズカードとともにプロフィールをシステムに「登録」することで、顧客の購買内容を把握することが可能です。

ある高級紳士用品の店で、登録された1人の男性客が立て続けに服や靴を買いました。あとでわかったのですが、その男性はその期間に恋人にプロポーズをし、婚約したとのことでした。
一人ひとりの買物内容を知ることで、その顧客との関係を深めるとともに、そのお客様だけの声かけをおこなうことで「次のお買い物」につなげることができます。CRMの究極はこのような「ワンツーワン」での店と顧客のつながりにあります。

②購買ランクにもとづき「顧客グループ別」に関係を作る

CRMで最も取り組まれているのが、顧客を購買金額や購買回数で並べ、上位客・中位客・新規客……等とランク分けすることで、それぞれの顧客のレベルに応じた「次の買物」の行動を促す取り組みです。ポイントカードやポイントシステムによる顧客の獲得や利用促進は、ほとんどこのやり方です。

店の売上は、上位20％の人数のお客様で、80％が作られていると言いますが、それでは上位20％の方だけを大切にすればいいかと言えばそれは違います。あくまで80％のお客様がいてはじめて、上位20％の方がいるわけです。そこで、それぞれの顧客のランクレベルに応じた「関係の作り方」が必要になってきます。

最上位顧客であれば、①で示したように顧客の顔と名前、そして購買内容を把握して親密な関係を作る、またミドルクラスの方には、お買い物の中身を見ながらそれに合ったご案内をし、1回でも来店回数を増やしていただく、また新規顧客（一見客）にはとにかくもう一度来ていただく機会を作る……いずれにしても、購買回数を増やす＝接触頻度を増やすことが顧客との「関係」を深めるための要諦です。

③クロスセル（購買分野の拡大）とアップセル（購買単価の向上）

「ビールを買った顧客はオムツを買う可能性が高い……」

アメリカのスーパーで見られたこの「関連購買」が、かつてCRMの標語のように言われたことがありました。ビールを買いに来た父親が一緒に子供のオムツも買う傾向が高い、ということ（その反対もあり得ます）です。その真偽は別として、このように店内の異なる商品の買い合わせ（併買）の傾向を分析して、それを促進するような取り組みをおこなうことで、顧客との関係強化を図ることができます。いわゆるクロスマーチャンダイジング（関連商品を近くに配置する）のための基礎データにもなります。CRMを単に顧客へのアプローチのことだけでとらえることなく、店舗や品揃えの改革として活かしていくことも重要です。

CRMは、顧客の行動をもとに顧客を識別し、顧客の動きをわかった上で関係を深め、利用促進と購買アップを目指すものです。この手法は、デジタル化の進展によって大きく進化しました。

たとえばインターネットの世界では、リスティング広告やバナー広告など、特定のワードで検索したり、特定のバナーやコンテンツをクリックすると、それに連動してコンテンツや広告が表示されます。それは個人情報を特定しなくても、検索ワードの情報の積み重ねによって傾向分析され、「あなたへのおすすめの本」として表示されるアマゾンの仕組みと同じです。

またオンラインショッピングサイトでは、初回訪問か2回目以降かによって、その人に表示する画面を変えるなど簡単なことで、人によって表示される情報も変わってきます。さらに、そうしたユーザーのアプローチのパターンによって、見込み客を自動的に判定し、最適な「アプローチミックス」を自動的におこなっていくためのツール（＝マーケティングオートメーション）まであります。

つまりインターネットでは、たとえ住所や名前、年齢などの個人情報がわからなくても、ＩＤを通じて利用者を「個」として識別・把握し、その行動にもとづいて様々な〝声かけ〟を自動的におこなっているのです。

デジタル技術によるＣＲＭ精度の向上は、実店舗がインターネットのホームページのように顧客の行動を識別把握し、その行動特性に応じて関係を深めていく、いわば「店舗がオンラインサイトになっていく」ための可能性を開くものでしょう。

チェック！ **誰が、いつ、何を、どれだけ買っているのかがわかると、売れる**

7 カスタマージャーニー

アマゾンなどオンラインショップの出現は、人々の「買い物」を大きく変えました。その中で大きなポイントは、買物のプロセスを可視化したことです。

消費者行動の伝統的なプロセスとして、「AIDMA」の法則がありました。消費者はモノを買う時（Attention：注意→Interest：興味関心→Desire：欲求→Memory：記憶→Action：購入）という段階を経る、ということで、マーケティングの教科書には必ず出ています。

それが、インターネットでの買物によって、「AISAS」（Attention：注意→Interest：興味関心→**Search：検索・情報収集→Action：購入→Share：共有**）へと変化します。

今の時代、何か買おうかと思えばまず検索します。また買って使った後は、その商品やサービスについてどうだったかをSNSでアップする、そうした行動が普通になっていることを反映したものです。さらに「AISAS」に**Comparison：比較**と**Examination：検討**を挟んで「AISCEAS」と言われることもあります。

現実の買物が必ずこのプロセス通りかと言えばそうではありません。様々な状況の中で行きつ戻りつしながら、ある日ある時「買おう！」となるわけです。しかし重要なのは、こうしたプロセスを念頭において自分の商売やビジネスを見直すこと、そしてその広告や接客は、どのプロセスに注力するものかを意識することです。それによって、顧客の「買おう！」に寄与するビジネスプロセスを作ることが重要なのです。

こうした買物＝購買のプロセスは、インターネットやSNSによって、より複雑になっています。顧客は、マス媒体、ネット広告、店舗、ECサイト、SNS……といった様々なメディアの間を縦横無尽に行き来しながら、会員登録をしたり、資料請求したり、ポイントをゲットしたり、決済をおこなったり、配送の手続きをする……その動きはまるで、買物をめぐる旅行＝ジャーニーをしているように見えることから「**カスタマージャーニー**」という概念が生まれました。カスタマージャーニーを可視化したものを「カスタマージャーニーマップ」と呼びます。

このプロセスに「決済」や「配送手続き」を入れれば、「店舗で見てネットで買い、決済と受け取りは店舗でおこなう」とか、「ネットで見て店舗で試着し、決済はネットでおこなって商品は配送してもらう」など、さらに様々な接点が発生します。

インターネットが生まれる前から、人の買物には複雑な段階やプロセスがありました。カスタマージャーニーはそれを可視化したにすぎません。しかしこれが小売ビジネスに問いかけているのは、こうした様々な段階や購買前後のプロセスの中で、自分の店は、顧客の購買心理のどの段階にどう関わり、購買プロセスを次の段階に進めていけるか、そのために何をしていくか、ということなのです。それは前記「マーケティング・ファネル」の話とも通じます。デジタルによって顧客の行動がより具体的にわかるほど、お店としての取組ポイントが、より明確になっていくのです。

あなたのお店で、買ったお客様について、その買い物の「カスタマージャーニー」を聞き出してみましょう。そして、どういうプロセスで、何に迷い、何が決め手になって買うことを決定したのか、理解しましょう。自店顧客のカスタマージャーニーを具体的に把握することで、「売り」の選択肢が増えていきます。

チェック! 顧客が、どういう経緯で買うにいたったかがわかると、売れる

8

デジタル化で可能になったこと

サブスクリプション

「サブスクリプション」という言葉もデジタル化とともに普及しましたが、その商売のやり方は昔からあります。郵便局でよく目にする「頒布会」です。

日本各地のふるさと名産品、たとえばりんごやお酒、魚介類や肉などを、あらかじめ一定金額を払うことで毎月「旬の食品」として送ってくれる仕組みです。また、頒布会とは異なりますが、「ヨシケイ」や「タイヘイ」といった食材宅配の企業は、インターネットが生まれるずっと前から、一定金額を払うことであらかじめ決まったメニューに沿った食事材料が届く、という事業をおこなってきました。

サブスクリプションは、英語のサブスクライブ（subscribe）の名詞形で、「購読」とか「予約購読」といった意味があります。あたかも雑誌の定期購読のように、あらかじめ金額を支払うことで、定期的にモノが届く、サービスが使える、見放題や使い放題、といったビジネスモデルです。

ネット動画やアニメ、音楽配信、テレビ番組など、デジタル関連のコンテンツが多いですが、中には一定期間「絵」や「家具」をレンタル、「車」をレンタル、「バッグ」をレンタル、という形でその対象が広がっています。「ラクサス」のように、常に新しいブランドバッグをレンタルで使えるなど、「頒布会」の世界からはかなり大きく広がったビジネスになっています。

サブスクリプションがビジネスとして拡大した背景にも、デジタルによる技術があります。利用者を特定し、個人情報を把握したうえで一定期間「お付き合いいただく」ためには、煩雑で詳細なデータのやり取りが必要です。課金とサービス提供の管理、決済、物流など、デジタル技術があることでビジネスがスムースになり、拡大の可能性を開きます。

サブスクリプションは、売り手と買い手の継続的・長期的な関係が前提です。ややもすると小売業は、売り手と買い手の短期的な「売り・買い」で終わりがちですが、顧客との長期的な関係を通じてファンになってもらうことで、収益は安定します。いわば、長期的な関係を築いていける商品やサービスとは何なのかが、改めて問われていると言えます。

チェック！

顧客に「先払いしてでも継続して利用したい」と思ってもらえると、売れる

デジタル化で可能になったこと

9 コンテンツマーケティング

「コンテンツマーケティング」という言葉も、デジタルやＷＥＢの世界では当たり前のように使われるものです。そもそも「コンテンツ」とは何でしょうか。

コンテンツ産業、映像コンテンツ、キラーコンテンツ……ＩＴ産業に限らず、ビジネスの世界ではすっかり定着した「コンテンツ」という言葉、そもそもはコンピュータのハードに対する「ソフトウェア」が転じて生まれたものですが、今ではメディアや商品、事業内容に至るまで幅広く使われています。

その意味をたどると、中世ヨーロッパ・キリスト教の教義の学習法にまで至ります。

万巻の書を読み、多くの教義に通じなければならなかった中世キリスト教会の司教は、学習したことを記憶するために、「言葉の記憶」と「内容の記憶」を区別し、頭の中にわきあがる「興味」や「動向」（＝コンテナ）と、そこに流し込まれる「中身」（＝コンテンツ）を分けてとらえました。そして、読書も単に文字を追いかけるだけでなく、写本ページのレイアウトや装丁とともに音読することで、無味乾燥な文字をイメージ豊かに記憶する学習法を開発したと言います。ヨーロッパ中世の宗教本が豪華絢爛な装丁やデザインなのも、こうしたことと関係があるのかもしれません（ダイヤモンド社刊・ハーバードビジネスレビュー2015年6月号、松岡正剛著「意味に飢える社会」参照）。

つまり、「コンテンツ」とは単なるモノやコトが、様々な関連事項とともにひとつのまとまったストーリーとして組み立てられているものを意味します。**商品もサービスも、個別バラバラの「機能や役立ち」としてではなく、ひとつの意味あるストーリーとして存在させること、これが「コンテンツ化」なのです。**

コンテンツマーケティングとは、その意味のまとまりをもってユーザー・買い手の興味や関心を引き出し、関係を深めることによって結果的に商品やサービスを買っていただく、といったマーケティングの手法です。

たとえば食材や調味料などの商品を種類豊富にネット上に並べるだけではなく、それを生産した人や調理した人の体験や料理のレシピ、食べた感想などを「読み物＝マガジン」のように掲載することで、最後に商品紹介を表示して食材や調味料を買っていただく方法です。それは「売らんかな」の広告とは正反対に、商品の背景にあるストーリーをコンテンツ（物語）化することで生まれる、人々の「共感」をベースにおこなう新たな「モノの売り方」です。

コンテンツマーケティングの先駆けとも言えるサイトに、『北欧暮らしの道具店』がありますが、そこには様々なライフスタイルはもとより、スタッフが実際に掲載商品を使ってみてどうだったのか、季節に合わせた暮らし方はどんなものか、など、膨大な「読み物コンテンツ」が埋め込まれ、アーカイブ化されています。このように大量の文字や画像情報を埋め込みながら常に新しいコンテンツをアップしていけるのも、デジタル技術があるから可能になります。

インターネットのせい（おかげ？）で、消費者は以前にもまして「売り手の作戦」を見抜くようになりました。単なる「良いものが安い」（マーケティング1・0）というだけではダメで、その店や企業がどんな考え方でモノを作っているのか、どんな暮らし方を実現したくてビジネスをやっているのか、ということまで、すべてが物語としてセットされてはじめて、買い手を振り向かせることができるのです。

チェック！ 顧客に、「物語」に共感してもらえると、売れる

10

デジタル化で可能になったこと

シェアリングエコノミー

コロナ禍で多くの企業が疲弊する中、伸びた事業の代表格が「ウーバーイーツ」でしょう。街中で見かけるウーバーイーツのバッグを背負った自転車も、日常の風景となりました。ウーバーイーツは、デジタル化とともに発達した新たなビジネスの形＝シェアリングビジネス、シェアリングエコノミーの典型です。

ウーバーイーツの元は、アメリカの「ウーバー（ＵＢＥＲ）」という「配車マッチングアプリ」にあります。アメリカでは、自分が今いる場所からグーグルマップで近くを走る車を探すと、自家用車を含めてあらかじめ登録してある車が迎えに来てくれます。いわば「白タク」のようなものなので日本では許可されませんが、毎回乗るごとに評価ポイントが付いて公開され、サービスも向上し、問題があれば淘汰されます。

それは「今、ここに迎えに来て欲しい」というユーザーと、「いつのこの時間帯だったら、乗せてあげてもいいよ」というドライバーとを結びつける「マッチングビジネス」なのですが、そこには、プロのタクシーでなくてもドライバーとしての時間を「シェア」し、人々のために分かち合いたい、という発想が起点になっています。

自分の時間を人のため、社会のニーズのためにシェアをしていく、だから「シェアリング」なのです。自家用車がタクシーになるウーバーと並んで、アメリカには、自宅を宿泊施設として貸し出す「エアビーアンドビー」もありますが、いずれの場合も現在余っていて誰かが利用可能である資源を、社会全体で「使えるものは使っていこう」という形でシェアするものです。

ウーバーイーツの場合、「食事を届けてほしい客」と、「届けたいけど人手と仕組みがない飲食店」と「すきま時間に働きたい人」という三者のニーズをマッチングした点がビジネスモデルの特徴です。そして、この「人と人とのニーズをマッチングですする」ことの裏には、位置情報をベースにした高いレベルのデジタルテクノロジーが存在しています(ウーバーイーツにしても、スマホがなければとてもスムースに受注・配達することはできません)。

一般社団法人シェアリングエコノミー協会によれば、シェアリングエコノミーとは、「インターネットを介して個人と個人・企業等の間でモノ・場所・技能などを売買・貸し借りする等の経済モデル」とされていますが、それは幅広い分野に拡大しています。ウーバーのような移動手段にはじまり、場所や空間（シェアリングオフィス）、宿泊（民泊・ゲストハウス）、住居（シェアハウス）、さらにはモノやお金（クラウドファンディング）、そして人々のスキルまで、およそ社会資源と言われるものの多くの分野で、シェアリングビジネスが生まれているのです。

たとえば「人のスキル」の場合、税理士や会計士、弁護士といった旧来型の専門家がちょっとした相談に乗るものもあれば、「富士山に登ったことがある」「タピオカを作ったことがある」「引きこもりの子供に勉強を教えている」「うつになった部下を立ち直らせた経験がある」など、人の経験そのものがシェアの対象になります。

特定の社会課題に対して資金を募るクラウドファンディングも、お金という資源をその課題や取り組みに共感する人たちから集めることで、多額の資金が調達できます。シェアリングは、これまで存在はしたものの目に触れにくかった社会課題と社会資源の穴を、デジタルという技術が可視化し、結び付けたことによって、資源交換を通じて人間同士の新たなコミュニティを作るものなのです。

あなたのお店に、誰かと「シェア」できるものはありますか？

チェック！ ニーズとウオンツの「穴」が見つかると、売れる

第6章

「本当に良い買物をした」という価値を売るために令和の販売員がすべきこととは何か

1 デジタル化がどんどん進んだ時、リアル店舗の価値はどこにあるのか

丸井といえば、かつては「月賦百貨店」と言われ、戦後の高度成長期には家具や家電など、耐久消費財を月賦で買える店として成長しました。そして「赤いカードの丸井」「丸井はみんな駅のそば」といったキャッチフレーズとともに、若い世代の暮らしを支える店舗として発展してきました。その丸井も創業から90年余りが経過し、社長も代替わりする中で変革を重ね、現在ではデジタルやベンチャーとの取り組み、そしてサステイナブルやＳＤＧｓの分野でも最先端の企業になっています。

基幹店の一つである新宿店の1階には、早い時期からApple Storeの大型ショップを導入するほか、デジタルとリアルの接点となるような「体験型ショップ」を数多く展開、また「みんな電力」との提携など、次世代のエコシステムを含めた取組にも着手しています。

丸井グループの社長である青井浩氏は、デジタル化について、「自分たちはＤＸとかデジタルトランスフォーメーションといった言い方はしない」と言います。ＤＸというと、これまでアナログ＝オフラインでやってきたことをデジタル化するだけのことになってしまうと。そうではなくて、すべてがデジタルベースになった「アフターデジタル」社会を

想定したうえで、オンラインvsオフラインの対立を乗り越えた新たな価値を提供することで、いわば天動説から地動説への転換を起こすことが必要だと言うのです。

このような青井社長の方針に沿って、同社では「売らないお店」を標榜し、店舗を「お客様に体験を提供する場」と位置づける取り組みへとシフトしました。もとよりモノを売らなければ商売は成り立ちませんが、前章でも述べたように、買うだけならオンラインで何でも買える時代の中で、改めて店舗という場所の意味を問い直したのです。

婦人靴を試着するだけで、注文はネットでおこなうショップの展開、シリコンバレー発の体験型店舗「b8ta（ベータ）」、ＷＥＢベースでオーダーメイドのスーツを販売する「FABRIC TOKYO」、そしてメルカリで売るため梱包からモノの受け付けまでをサポートする「メルカリステーション」など、デジタルとリアルを融合した新しい「体験型」ショップを数多く展開しています。本書でも何度か取り上げた、誰もがオンラインショップを作れるソフト「ＢＡＳＥ」をはじめ、数多くのベンチャー企業への出資や提携もおこなっています。

昨今の、流通業界では「アマゾンエフェクト」ということが言われます。今や売上40兆円を超え、誰もが利用するようになったアマゾンは、「アマゾン以降」の小売業には一体どういう役割意義があるのか、ということを根本から問い直そうとしています。

ネットがあれば「いつでもどこでもなんでも買える」時代ですが、すべての買物がオンラインに置き換わることはありません。しかし、オンラインショップがなかった時代や、デジタル技術がなかった時代の買物や店舗のあり方とは大きく変わっていくのは、コロナ禍にかかわらず小売業の宿命と言えます。

小売り各社では、DX（デジタルトランスフォーメーション）を掲げた数多くの取り組みがおこなわれています。

マクドナルドやスターバックスでは「**モバイルオーダー**」という、来店前に店舗の外から注文してお店に着いたらすぐに受け取れるサービスがあります。注文はお店に着いて席を取ってから、その席でスマホを開いておこなうこともできる……ここがポイントです。ファストフードで、荷物を持っていたり、小さい子供連れで来店した時など、席を取ってそこに荷物や子供を置いたままカウンターに注文に行くのが心配な時でも、席からスマホで注文できます。スターバックスでは、レジで複雑なオーダーやカスタマイズをすることで後ろの客を待たせてしまう……、といったストレスからも解放されます。

このようにモバイルオーダーは、単なるスピーディーな商品の受け渡しと決済、といったことだけではない部分に、サービスとしてのメリットがあるのです。

オンラインでの販売が困難だったアパレルファッションの世界でも、着るだけで全身のサイズを計測する「ZOZOスーツ」の精度を高めたり、顧客の体型データをもとに販売スタッフが着こなしを提案する「マッチパレット」(三越伊勢丹)など、オンラインを前提にした仕組みが充実してきました。服の場合は「サイズと着心地」という、どうしてもリアル店舗でないとわからない問題がありますが、それを少しでもクリアしながら顧客のサイズをデータベース化しようという取り組みです。

また、中古車販売の「ガリバー」では、チャットを使った顧客とのやりとりで情報提供と商談をおこない、顧客の気持ちを高めたうえで、いよいよ買おうとなった段階でご来店、購入の決定率を上げる「クルマコネクト」という仕組みがあります。オンライン販売からは最も遠い商品特性を持った業界でも、顧客の気持ちに寄り添うことでデジタルによる販売改革が可能となります。

このように、買物をする時の顧客の状況や気持ちへの洞察を念頭に、デジタルとリアル店舗をどのように組み合わせるかで、新たな売り方が生まれます。デジタル化と小売業に関して、「デジタルは機能、リアル店舗は体験」という言い方をされる場合がありますが、そうではなく、常に顧客の立場に立って、両者を融合させることでどれだけ「良い買い物をした」と思ってもらえるか、ここに令和の「売る」のポイントがあります。

チェック！ **本当に買い手の立場と気持ちになりきって仕組み化すると、売れる**

2 販売スタッフは、「商品を売る」人から「コンテンツの発信者」になる時代へ！

お店で接客をしてもらうと、販売スタッフに対して「本当にこの人、わかってるのかなぁ〜」と思うことがよくあります。商品情報や在庫の有無、専門知識、アパレルだったらコーディネートや着こなし……自分は果たして、本当にこの店の「ベストの人」から「ベストの接客」を受けているのか、とても不安になるのです。それは、「買うならちゃんとした人から買いたい」と思う消費者の気持ちの現れですが、前に触れた百貨店の販売員のように「資格のプラカード」を掲げられてもその不安は簡単にはなくなりません。

「この人、自分のニーズを本当にわかってくれているのか？」「お店の事情と都合で、売りたい商品を薦めているだけじゃないか」……残念ながらお客と販売員とは「利害関係に支配された偶然の出会い」から自由になることはむずかしいようです。

「早く、訳の分かったスタッフと出会いたい」。それは、店頭に限らず電話での問い合わせやコールセンターでの対応などでも同じです。インターネットのおかげで世の中が複雑になり、他方でお客様が多くの情報を持つようになると、こうした不安や要望はさらに大きくなります。

こうした状況は、**裏返せば販売スタッフがもっと自分の個性や特徴、専門性をきちんと表現し、それが買い手に伝われればこれまで以上に強い関係を顧客との間に築くことができる可能性がある**ことを意味しています。デジタル＆インターネット時代の小売業は、「モノやコトを売る」から、「ヒト（の個性とスキル）を売る」段階に入りました。そしてそこでは、リアル店舗の接客経験者こそ、オンラインだけをやってきた人に比べて「地に足のついたノウハウ」を持って販売していける力があるのです。

「大量のパッキンが届いたら1着ずつ服の検品をして、その服の置き場所を確保するために、ストックを整理する。その間にお客様が来られたら、作業を中断して店頭に立ち、商品が売れればストックから探して店頭へ補充。周りを見渡すと、畳んだはずの服が一瞬にして広がっていて、ラックを見ると、置き場所ではないところに商品が並んでいて、さっそく元の場所へ戻していたら、1本の電話。相手は同社（自社）の他店（のスタッフ）で、『客注が入ったので、本日中にこの品番の商品をうちへ送ってください』とのこと。店頭から商品を下げて梱包をした後は、ガラガラになった店頭のラックを埋めるために、店内の構成を考え直す」（艸谷真由（くさたにまゆ）著『トップ販売員のInstagram力』大和出版刊、26頁参照）

これはアパレルショップでの販売員の日常を描いたものです。そこには「接客」という仕事以外の、限りなく多様で多くのルーティン業務（販売付帯業務）があります。これはアパレルに限らずほぼすべての小売店舗に共通することです、こうした日常業務に埋没して「やがて何も考えなくなる」のが小売業の〝販売員あるある〟なのです。

しかしこの本の著者、艸谷真由さんは、こうした日常の中で販売員自身がインスタグラムを使って「自分自身のファンづくり」をおこない、販売員としての価値を高めることを提案します。小さいころから服が好きで、学生時代からセレクトショップで販売のアルバイトをしてきた艸谷さん。大学卒業後は新興アパレルで、実力主義で有名な「TOKYO BASE」に入社し、わずか3か月で全社NO・1の個人売上を上げるトップ販売員になります。

多くのインフルエンサーが様々な提案をおこなうファッションインスタグラムの世界ですが、艸谷さんはあくまでも接客現場でのノウハウをインスタに活かすことを提案します。

「袖がゆったりしているから二の腕が気になる人でも大丈夫です」

「長時間座っていてもシワになりにくいので、ヘビロテしても大丈夫」

こうした商品が持つ特徴を、お客様の生活シーンに置き換え、インスタグラムの個人アカウントで発信します。そして店での接客で出会ったお客様の中で、波長の合った方に接客の最後にさりげなく知らせてアクセスしてもらう、アクセスがあればリアクションする……そうした積み重ねによって、販売員個人のファンを増やしていきます。この地道な活動の積み上げによって、販売員としての「セルフブランディング」が可能になるのです。

インスタの中では、自分自身の体型を示しながら「顧客の代わりに試着」することで、「この体型の私が着るとこんな感じです」と、サイズ表示だけではわからない服の特徴を伝えます。また可能な範囲で個人プロフィールも示して自分のライフスタイルを打ち出すことで、自分に共感してくれるファンを増やしていくことができます。

アパレルに限らず、もはや店舗の販売員は「会社やブランドの作業員」ではなく、自分自身を「ヒト」として売り出し、ファンを増やしていく時代です。お店の商品やサービスを自分自身が体験して、コンテンツとして発信することで、顧客との共感が生まれ、結果的にお店のファンを増やすことになるのです。

チェック! スタッフの個性とスキルを伝え、共感してくれる人が増えると、売れる

3 大型商業施設の生きる道は、「ヒト」を売り出していくことにある！

店舗を単なる「モノ売りの場」としてだけでなく、情報媒体（メディア）として、また顧客との接点（コンタクトポイント）ととらえる。そしてそこにいる販売スタッフを「売り手」ではなく「コンテンツの発信者」にすることで新しい小売ビジネスの世界が開けてくる……前項の話はそういうことを表していますが……この展開は、とりわけ大型商業施設（ショッピングセンターや百貨店）にとって新たな生き残りの道を開きます。

ショッピングセンター（SC）と百貨店の違いは前に示した通りですが、SCデベロッパーは単に「家賃を払ってもらう」ことから、SC全体の安全と集客を確保し、様々な販促キャンペーンをおこなう……といったレベルにとどまらず、入居しているテナント各店の商売そのものをどれだけ支援し、サポートしていけるかが勝負になっています。それは「リテールサポート」「テナントサポート」と言われるものです。

SCの中には、テナント各店の情報発信やオンライン販売を支援するサイトを持っているところもあります。テナントの中には、それぞれ各店の本部でオンラインショップを持っているところも多いのですが、店頭にある〝一押し商品〟を販売スタッフが自分たちで撮影し、そのSCのホームページに掲載することでオンラインでの販売につなげることができます。

また、テナントごとの顧客動向を、スマホデータを使ってリアルタイムで把握し、テナントに情報提供して様々な施策に活かす場合もあります。

デベロッパーとテナントはもはや「大家と店子」といった関係を大きく越え、「運命共同体」としていかに顧客を増やすか、テナントスタッフの仕事を楽にすることや、テナントごとの「ファン」を増やすことにデベロッパーがどれだけ貢献できるか、それによって明暗が分かれる時代なのです。

他方、店頭販売員の個性やスキルを活かすことで、新たな道が開ける可能性を持つのが「百貨店」です。

日本の百貨店は、全盛期の9兆円（1991年）から4兆円（2020年）へと大きく市場規模を落とし、業態として存続の危機にあります。スーパーもコンビニもない明治時代、「今日は帝劇、明日は三越」と言われ小売の王者だったのも遠い過去の話、ホームセンターやドラッグストアなど、様々な分野に生まれた専門業態とオンラインショップにより、消費者の購買の場が格段に増えた現在、単に「誰に」「何を」「どうやって」売ろうか、といったことをどんなに極めても、百貨店の未来は見えてきません。

こんな状況にある百貨店こそ、そこに働くヒトの個性や全人的なスキルを打ち出す時です。

百貨店はSCと異なり、様々な商品分野と顧客という「商売の現場」を持っています。そして百貨店のスタッフには、ありとあらゆる分野のプロがいます。ヨーロッパの古いシャトー（お城）で醸造された「ワイン」や、パリの街角のチョコレートショップに精通しているバイヤー、冠婚葬祭から叙勲までライフイベントすべてに通じている人、富士山に何回も登ったことがある登山用品の担当者、インテリア収納や家づくりのプロ、保険やファイナンシャルの専門家、プロ級の腕を持つ馬術やテニスの専門家、子供の成長に合わせて靴を選べるシューフィッター、一見しただけでその人の体型とサイズを判別でき、肌の微妙な色合いに合わせてカラーコーディネートができるファッションスタイリスト……。

百貨店の人材は、店内にある商品分野を起点にしながら、人が生きることにともなうあらゆる知恵を持った、広くて深い人的ナレッジの宝庫なのです。しかし、そうしたナレッジはこれまで意識的に可視化されたり、コンテンツ化されることはありませんでした。

百貨店に限りませんが、これまでの小売業というのは、そこに働くヒトはあくまでも販売員であり「商品を仕入れて売る」こと＝商品売上で評価してきました。そしてそれ以外の要素はできるだけ排除して表に出さない「黒子」としてのあり方が、販売員というものでした。私には、「販売員」と言われた瞬間、その方が持っている能力の中のほんの少ししか使わなくなっているような気がします。本当は多様な趣味や特技を持ち、多様な生活経験をしているにもかかわらず、「販売員」としてお店に出た瞬間に限られた範囲の中だけでしか自分を打ち出さない……それは前項でご紹介した艸谷真由さんのあり方とは180度異なる、「販売作業員」になっているような気がしてならないのです。

これからは、小売業に働く人はもっともっと自分自身を打ち出し、コンテンツ化して売り込んでいく時代です。インターネットやSNSはこれを可能にしました。単なる顧客の固定化・優良化といったものではなく、**スタッフ自身の個性やスキルを「コンテンツ」として発信し、「ファン顧客」を作っていく、そして販売スタッフ自身をセルフブランディング化していくのが、これからのあり方です。**それはひいては、百貨店をはじめ大型商業施設の発展の基礎になると考えます。

モノではなくヒトの個性を売ることが、百貨店に残された最後の道です。

チェック！ **モノよりコト、コトよりヒトへ重点をシフトすると、売れる**

4 「買物をしてもらうこと」から「店や企業の取り組みに共感・参加してもらう関係」へ

「応援消費」という言葉があります。それは、東日本大震災で困難に陥った東北地方に対して、東北の地元産品を積極的に購入することで、少しでも復興支援に立ちたい、といった気持ちの現れです。食材の宅配事業で大成功した「オイシックス」の高島宏平社長によれば、今回のコロナ禍で学校給食がおこなわれなくなり、余った牛乳を「応援消費として」買うといった動きも見られたと言います。

20世紀に入って20年余、平成が令和に変わって3年が経過する中で、消費ということ、モノを買うという行為の意味は大きく変わりました。マーケティングが1・0（良いものを安く）から2・0（消費者ニーズに応える）、3・0（社会のために役立つ）、そして4・0（自己実現）の段階に入ったということは、もはや単なる「モノの売り買い」の世界だけでは小売も流通も存在し得ないということなのです。そしてそこに見えてきたのが、買うことにどんな社会的な意味があるのかという「参加」と「共感」の世界です。

もはや人は、モノやサービスを「買う」ことを通じて、特定の価値を共有するコミュニティに「参加する」ことになることを感じ始めています。そこには、「震災で困った東北の地場産品を応援する」「コロナで困窮する生産者を応援する」といったことから「地球環境保護のための活動を応援する」といったことまで、ひとつの地続きの問題としてとらえる感覚があります。これを裏返せば、参加と共感と応援につながる「人間同士の関係」＝コミュニティこそが、令和時代の「売り」のモトになるということを意味します。これを「コミュニティ・マーケティング」と呼ぶこともあります。

「コミュニティ？　人間同士の関係がカネになる？　それはどこかで誰かをだましているのではないか。結局、人を集めて、何かを売らなければカネにはならないだろう……」

小売りの現場で「売上」に追われて、「モノを売る」ことを究めてこられた方にはなかなか理解できないことかもしれません。

WeWorkというシェアオフィスのサービスがあります。アメリカ、ニューヨークに本社を持つ、起業家向けのコワーキングスペースを提供する会社ですが、２０１０年に日本上陸後も、ベンチャー企業を立ち上げようという人たちに人気です。

注目なのはその料金で、地域にもよりますが、１人が座れるフリーデスクスペース１席だけで月額数万円という賃料がかかります。それは郊外であればアパート一部屋を借りられるぐらいの金額なのですが、それでも〝WeWorkに自分のスペースを持ちたい〟、という人は多く存在します。

なぜ高額の賃料を払ってでもWeWorkにデスクを持ちたいのか、それは、そこに集う人々が「起業」という共通の目標を持つ人々の集まりであり、既にスタートアップ企業として成功した起業家も集まるコミュニティが存在するからです。

「起業家支援」を掲げるWeWorkでは、様々な形で起業したい人を支援しますが、それはシェアオフィスを借りるメンバー同士が様々な形で出会い、互いに交流できる機会を増やせる「場」を用意することです。ベンチャー支援のためのセミナーや相談は、商工会議所等でも昔からおこなわれてますが、WeWorkでは実際に夢と使命を持って「世界を変えたい」という人たちが実際にそこに居る、そういう場の中で様々な出会いやコラボレーションが生まれる可能性があります。

もとより、そういう人が「隣にいる」だけでモチベーションもノウハウも、計り知れない影響を受けるでしょう。WeWorkは、そうしたコミュニティが持っている「場づくり」の価値を「売り」にしているのです。そこで支払う「家賃」は、もはや不動産的な賃料といったものから、「コミュニティへの参加費」に転換しています。モノの売り買い（この場合は貸し借りですが）は、単なる民法上の売買契約（賃貸借契約）という形をとりながら、実際は「そういうことをやっている人々のコミュニティに共感し、参加するための会費」のような感覚になっているのです。そして、そのようなコミュニティを持っている「場」そのものの価値が上がっていくのです。

たとえばホームページは、魅力的なコンテンツがあれば多くの人が集まり、共感し、多くのPV（ページビュー）を獲得します。すると、そのページに広告を出したいという人や企業も増え、広告料も上がっていきます。分野は違いますが、ショッピングセンターも同様で、人気のテナントが多く集まれば集客が増え、入居を希望するテナントも増えることで賃料も上がる……つまり、「場」のコミュニティの魅力度があって、そこに「参加したい」という人が増えれば増えるほど、コミュニティそのものが「売り」になっていくのです。

これは、「モノを仕入れて売る」小売業が、仕入値と売値の差額からしか利益が得られないと考えてきたこととは全く異なる世界です。この「売り・買い」の世界から「共感・参加」の世界にシフトできるかどうかが、「令和の売り」に乗れるかどうかの試金石です。

令和の「売り」は、モノを売る→コトを売る→バショを売る→ヒト（スキルと個性）を売る、の次に「コミュニティを売る」という段階に入りました。

チェック！ 「売った／買った」の関係から、「共感&参加」してもらえる関係に変わると売れる

5 サスティナブル・SDGs時代に「売る」とは、「共感・参加」からさらに「投資の時代」へ

令和の「売り」は、さらに進化しています。それは、サスティナブル（持続可能な）世界のあり方を考える時、避けて通れないテーマとなります。

2019年、スウェーデンの環境活動家、グレタ・トゥーンベリさんが「あなたたちを許さない！」と国連の場で大人たちへの怒りを表したのは、同じ国連でSDGs（Sustainable Development Goals：持続可能な開発目標）が採択された4年後でした。SDGsは現在では学校教育にも取り入れられ、日経新聞はじめ毎日のように様々な機関がセミナーやフォーラムをおこなっている状況で、いまさら「SDGsって何？」とは聞けない雰囲気です。

それは企業にとっても同様です。各企業とも、いまさらSDGsに取り組んでいないとは言えない状況の中、決算発表や株主総会では、自社のサスティナブルな取り組みを可能な限り列挙し、二酸化炭素排出量を事細かに計算して公表しています。

それはまた、ESG投資（Environment：環境、Social：社会性、Governance：企業統治の3つの観点から企業を評価し、投資価値を判断する）という言葉を生むことで、もは

やＳＤＧｓが掲げる3つの問題である「自然課題、経済課題、社会課題」と無関係ではいられない状況が一気に進みました。

一方で、ポーズだけＳＤＧｓを掲げ、〝やったふり〟をしている（＝ＳＤＧｓウオッシュ）も指摘されています。たとえば天然素材を謳うアパレルファッションが、実は製造過程で莫大な水や森林資源を浪費している、マイナスを隠してプラス面だけを強調するなど、ＳＤＧｓの良い面だけを使おうとしていることを指しています。


こうした「一気に進んだサステイナブル」に対して、新進気鋭のマルクス研究者である斎藤幸平氏は「ＳＤＧｓは大衆のアヘンだ」と言います（『人新世の「資本論」』斎藤幸平著・集英社新書）。この言葉はマルクスの「宗教は民衆のアヘンだ」になぞらえていますが、宗教が社会階級問題から人々の目を曇らせたのと同様、ＳＤＧｓを掲げることで問題が解決した気分になっている人々の心情を、痛烈に批判したものです。

戦後から高度成長期にかけて、進歩的な学生やアカデミズムでは「必修」だったマルクスの理論。1989年のベルリンの壁崩壊以降は「資本主義の全面勝利」の掛け声の中で顧みられなくなっていましたが、昨今の世界の「環境・経済・社会」問題の噴出の中、マルクスの初期の論考の研究が進むことで、資本主義社会へのエコロジカルな批判があることを見出したのです。そんな斎藤氏は、たとえば規制によって二酸化炭素排出量をいくら抑えても、それは「ダイエットコーラをがぶ飲みするようなものだ」と言います。利益追求という社会経済の論理が何も変わらない中で、どんなに目標や規制をおこなったとしても、産業革命以来の「利潤追求と自由競争」を原理とする近代資本主義はそう簡単には変わらない、資本主義を舐めてはいけない……確かに、資本主義が生んだ問題を資本主義の内部で解決できるかと言われれば、難しいような気がします。

本書の前提となっている「マーケティング」についても、独立研究者で、セミナー等で活躍されている山口周氏は次のように言います。基本的な物資が行き渡り、物質的欲求が満たされた社会では、「すでに満ち足りている人に対して「まだこれが足りてないのでは？」とけしかけて枯渇・欠乏の感覚をもたせること」によって需要の飽和を延期する、それこそが「マーケティングの本質だ」と（『ビジネスの未来』山口周著・プレジデント社刊、136頁参照）。

山口氏は、産業革命以来の物資の生産と消費により、基本的なものはほぼ人々に行き渡ることで消費の「高原状態」を生んだこと、そしてこれ以上の生産や消費は必要がない中で、人為的に問題を生み出す体系こそがマーケティングだと言います。それは、マーケティングで使われる「製品開発」の言葉に「計画的陳腐化」という奇妙な用語があることからも、その一端を示していると言えます。

本書の最後でなぜこんな話をしたかと言うと、令和の「売る」とは、これまでの商売の常識や方法に潜む、売り手側のリアルな意図といったものが「バレている」ことを前提にしなければならない、ということを強調したいからです（この傾向はデジタル化やSNSが引き起こしたとも言えますが、コロナ禍によって一層強くなりました）。

買い手は、売り手の意図や戦略を感覚的に見抜きます。「お客様のため」ということが本当かどうか、おすすめされた商品が本当にオススメなのか、本当にお買い得なのか、インターネットで調べればすぐわかる……いわばインターネットとSNSが強固な「世界中の消費者集団」というものを構築したために、売り手はそれと常に対峙しなければならない、厳しい立場に置かれているのです。

モノを売る→コトを売る→ヒト（スタッフの個性とスキル）を売る→コミュニティを売る、と言うステップで示してきた令和の「売る」の最後は、こうした活動全体が「世の中のためになる」という大きなコンセプトに貫かれているかどうかという問題です。「三方良し」が言う「世間よし」ということが、令和時代の「売る」にとってこの上なく重要になってきたのです。それはコロナ禍以前から、またコロナ禍を通じてよりいっそう、人々が「このままで世界は大丈夫なのか？」と心の底から思い始めたことに基づいています。

しかし社会は相変わらずの資本主義。売上と利益と生産性でできています。もちろん生産性の中身も高度成長期とは大きく変わりました。コロナで拡大したワーケーションや、コロナ前から言われていたワークライフバランスなど、「イケイケドンドン」の高度成長期とは別世界の価値観が多くの人々に広がりました。

でもやはり、資本主義経済というものは商品を生産して、競争市場の中に〝投入〟することで売上と利益を上げていく、金融経済をもとに資金調達をして設備投資をおこない、「他人のための使用価値」つまり売れることを前提に見込み生産をすることで機会損失を防ぐ、結果売れなかった商品は廃棄される……この基本的なサイクルを脱却することはそう簡単にはできません。経済を回す、とはまさに「利潤追求を自己目的とした」資本主義ならではの言葉の響きを持っています。

果たして「令和の〝売る〟」はこの問題をどう受け止めればよいのでしょうか？

「ファクトリエ」というブランドがあります。

熊本の商店街で、洋品店を営む家に生まれた山田敏夫氏が、全国のアパレル生産工場をまわって「工場独自のブランド」を立ち上げ、オンラインを中心に実績を上げている会社です。

山田氏はグッチのものづくりの現場で働く中で「日本には本当のものづくりがない」ことを悟ります。日本国内のアパレル産業は、コストの安い中国へ生産拠点を移すことで空洞化し、国内の工場は危機に陥っています。また、アパレル産業特有の複雑な生産工程と、目まぐるしく変わる流行を背景に多様な商品を大量に生産し、結果売れずに廃棄するといった、高度成長期のモデルがアパレル産業を覆っています。

また、親会社アパレル企業との守秘義務契約から、仮に国内で海外有名ブランドの商品を作っていても、工場は決して口に出すことはできない……そんなアパレルの国内工場を全国700か所見てまわる中で、山田氏はその工場の技術や匠の技に改めて気づき、「工場独自のブランド」を作ることを提案していったのです。

はじめは誰にも相手にされませんでしたが、クラウドファンディングで呼びかけたところ大きな反響があり、世の中のニーズを感じます。また工場としては「工場独自のブランドを作るなんて、親会社との関係上絶対無理だ」という問題がありましたが、賛同してもらえる工場を1軒1軒増やしていきました。結果、今では、同様の悩みを抱える多くの工場から声を掛けられるまでになりました。

ファクトリエへの賛同は、作り手側と同様、買い手からも集まります。それは同社の商品が常に顧客、消費者目線で企画されていることと並んで、同社の取り組みを知り、これに賛同する顧客が徐々に増え、ファクトリエの商品を「買う」ことを通じてファクトリの取り組みに賛同し、参加し、そして「投資」している感覚があるからです。

匠の技術を持った工場がこだわり抜いて企画・生産した商品には魅力があります。しかし、あえてファクトリエで買おうと思う背景には、ホームページ上で示された様々な思いやコンテンツ、工場の物語などから、同社の取り組みに自分も手を貸したい、という買い手の思いがあると考えます。その思いが重なることで、もはや「作り手」「売り手」「買い手」といった流通上の分断はなくなり、そこに参加するみんなが「ファクトリエという活動」のメンバーになっているのです。

令和の販売は、「売り買い」から「共感と参加」へ、さらに「投資と参画」の段階へと進化したのです。

チェック！ 本当に世の中のためになっている、ということがわかってもらえると、売れる

あとがき

この時代に「モノを売る」ことをどう語るかは、難しい問題です。

新型コロナが求める「三密回避」は、多くの人が集まって住み、触れ合い、行き交うことで発展してきた近代産業社会とは正反対のことが求められています。それは裏返せば、人間の共同的存在とは何なのか、成熟化と富の偏在と環境破壊が極限にまで進んだ今の社会に対して、「このままでいいのか」と、まるでコロナが我々に問いかけている気さえします。

しかし、緊急事態宣言の発出と解除が繰り返される中、解除のたびに多くの人々が商業施設で自分たちを「解放」するかのように活き活きと買いまわる姿をみると、やはり人間にはリアルな店舗での直接的な接触体験が不可欠なのだと実感します。それは、テレワークが続く中でいくら機能が進化しても、何とももどかしく余白がない「ZOOM会議」とも通じるものがあります。

＊

こんな状況の中、昭和とも、平成とも異なる令和時代の〝売る〟とはどういうことなのでしょう？

これまでの小売ビジネスは、「誰に、何を、どのように」提供するかが基本でした。それはコンセプトとも、ターゲットともいう場合がありますが、いずれにしても「お店側が、誰に対して、何を、どのように提供すれば買ってくださるか」というプロセスで組み立てられていました。この原則は、今後も店舗で商売をする以上はなくなりません。

他方で、インターネットに代表されるデジタル技術は、こうした実店舗の小売の原則を取っ払いました。BASEやメルカリで、素人でもすぐにネット上に「お店」を持ってモノが売れる、また店舗がなくても在庫を持つところとつないで調達できればオンラインショップができ、棚や面積の制約なしに24時間いつでもモノが売れる……デジタルによる小売ビジネスの「解放」は、大きなインパクトがあります。

＊

この「解放」は、売り手と買い手、さらには作り手との間の「社会的分業」を崩していきます。もはや流通は、「作る人」「売る人」「買う人」といった役割分担を越えて、共同で何かをやる、何かに取り組むチームのようなものになりました。小売業は「お客様の求めるものは何か」を追求し、仕入れて並べて売る、といった段階から、共通の価値観や興味、課題認識を持った人々を集め、チームとして生成し、盛り上げ、コミュニケーションをどれだけ濃くしていけるのか、そして双方向でどうやってつながり続けていくのか、といった段階へとシフトしたのです。そしてそこに集まってきた人々の「心の温度」によって、令和の〝売り〟の水準が決まってきます。

＊

本書では、顧客第一＝顧客目線に立った販売の基本の話から、マーケティングの小売業への読み替え、そしてデジタルへの理解を踏まえたうえで「令和に売る」とはどういうことなのかを考えてきました。そこで見えてきたのは次の2つです。

◎店側（売り手）の視点からは、「モノを売る」段階から「コトを売る」段階へ移行してきましたが、さらに売る人の個性やスキルを打ち出し、販売スタッフ一人ひとりに〝ファン〟を集める段階（ヒトを売る）へ、そしてその〝ファン〟たちのコミュニティそのもの、人間関係そのものを売っていく段階（コミュニティを売る）へと進化してきました。

◎これをお客様（買い手）の視点から見ると、単に「お金を払ってモノやサービスを買う」段階から、「店や企業の取り組みに共感」し「自分もメンバーとして参加・支援する」段階へ、そして「投資としてお金を出す」へとシフトしています。社会課題や自己実現のために役に立つ商品やサービスを買うことは、単なる「商品代金」ではなく、社会や

自己への「投資である」ととらえる感覚になっているのです。

こうした変化には「モノを仕入れて売る」ことを本業としてきた小売業が、人と人の新たな関係創造を通じて、社会を、そして世界を変えていく力を持っていることを示しています。

社会の複雑化にコロナ禍が加わり、ますます先の見えない状況ですが、本書が令和時代の新しい「売り」を求める方々の一助となれば幸いです。

小松浩一

〈参考文献〉

『マーケティング　新訂版』（小林一・篠田勝之共著／実教出版刊）
『会わなくても〝指名〟されるトップ販売員のInstagram力』（艸谷真由著／大和出版刊）
『コトラーのマーケティング3・0』（フィリップ・コトラー他著、恩藏直人監訳／朝日新聞出版刊）
『コトラーのマーケティング4・0』（フィリップ・コトラー他著、恩藏直人監訳／朝日新聞出版刊）
『「売れる販売員」と「ダメ販売員」の習慣』（内藤加奈子著／明日香出版社刊）
『アフターデジタル　オフラインのない時代に生き残る』（藤井保文、尾原和啓共著／日経BP刊）
『鈴木敏文の統計心理学』（勝見明著／プレジデント社刊）
『ファンベース』（佐藤尚之著／ちくま新書）
『ものがたりのあるものづくり　ファクトリエが起こす「服」革命』（山田敏夫著／日経BP刊）
『人新世の「資本論」』（佐藤幸平著／集英社新書）
『ビジネスの未来』（山口周著／プレジデント社刊）
『日本を変えた流通企業がやってきたこと』（岩崎遥著／ぱる出版刊）
『売る力が身につく最強マーケティング図鑑』（草地真著／ぱる出版）
『実践！　店舗DX（日経ムック）』（日本経済新聞社刊）
※その他、日経新聞、日経MJ、繊研新聞等を参考にしました。

小松 浩一（こまつ・ひろかず）
◎1961年東京生まれ。流通ビジネスコンサルタント。
◎慶應義塾大学経済学部卒業。中小企業診断士、1級販売士。東京販売士協会副会長。
◎三越伊勢丹勤務を経て、現在、文化学園大学非常勤講師、青山ファッションカレッジ講師。現場での豊富な経験を生かし、マーケティング、店づくり、店舗の活性化、マーチャンダイジング、業務改革、組織開発と人材育成、リーダーシップとチームビルディングなどについて、現場に則した提言をおこなっている。福祉ビジネス、まちづくりにも造詣が深い。
◎主な著書には、『見るだけで頭に入る!!「売る力」が身につく最強マーケティング図鑑』、『人を動かすファシリテーション思考』(共に小社刊行)などマーケティング関連、問題解決のためのビジネススキル関連など多数。
◎趣味：ピアノ、クラシック音楽、昭和の歌謡曲、まちあるき。
◎好きな食べ物：バナナ。

〈連絡先〉
メール　spg69m29@friend.ocn.ne.jp

アフターコロナの
「最強《さいきょう》の販売脳《はんばいのう》」のつくり方《かた》

2021年9月1日　初版発行

著　者　小松浩一
発行者　和田智明
発行所　株式会社ぱる出版

〒160-0011　東京都新宿区若葉1-9-16
03(3353)2835 — 代表　03(3353)2826 — FAX
03(3353)3679 — 編集
振替　東京 00100-3-131586
印刷・製本　中央精版印刷(株)

ISBN978-4-8272-1294-5　C0034